Autores varios

Constitución de Ecuador de 1998

Barcelona 2024
Linkgua-ediciones.com

Créditos

Título original: Constitución de Ecuador de 1998.

© 2024, Red ediciones S.L.

e-mail: info@Linkgua-ediciones.com

Diseño de cubierta: Michel Mallard.

ISBN tapa dura: 978-84-1126-240-8.
ISBN rústica: 978-84-9953-544-9.
ISBN ebook: 978-84-1076-012-7.

Sumario

Constitución de 1998

LA ASAMBLEA NACIONAL CONSTITUYENTE EXPIDE LA PRESENTE CONSTITUCIÓN POLÍTICA DE LA REPÚBLICA DEL ECUADOR EL PUEBLO DEL ECUADOR

«El Congreso se desvela en dar leyes sabias y justas, y los ejecutores las vuelven abominables, y echan la odiosidad sobre el Congreso» José Mejia Lequerica

«Pero, no basta que sean imparciales las leyes si no se aplican imparcialmente,...» José Mejia Lequerica

Inspirado en su historia milenaria, en el recuerdo de sus héroes y en el trabajo de hombres y mujeres que, con su sacrificio, forjaron la patria; fiel a los ideales de libertad, igualdad, justicia, progreso, solidaridad, equidad y paz que han guiado sus pasos desde los albores de la vida republicana, proclama su voluntad de consolidar la unidad de la nación ecuatoriana en el reconocimiento de la diversidad de sus regiones, pueblos, etnias y culturas, invoca la protección de Dios, y en ejercicio de su soberanía, establece en esta Constitución las normas fundamentales que amparan los derechos y libertades, organizan el Estado y las instituciones democráticas e impulsan el desarrollo económico y social.

Título I. De los principios fundamentales

Artículo 1. El Ecuador es un estado social de derecho, soberano, unitario, independiente, democrático, pluricultural y multiétnico. Su gobierno es republicano, presidencial, electivo, representativo, responsable, alternativo, participativo y de administración descentralizada.

La soberanía radica en el pueblo, cuya voluntad es la base de la autoridad, que ejerce a través de los órganos del poder público y de los medios democráticos previstos en esta Constitución.

El Estado respeta y estimula el desarrollo de todas las lenguas de los ecuatorianos. El castellano es el idioma oficial. El quichua, el shuar y los demás idiomas ancestrales son de uso oficial para los pueblos indígenas, en los términos que fija la ley.

La bandera, el escudo y el himno establecidos por la ley, son los símbolos de la patria.

Artículo 2. El territorio ecuatoriano es inalienable e irreductible. Comprende el de la Real Audiencia de Quito con las modificaciones introducidas por los tratados válidos, las islas adyacentes, el Archipiélago de Galápagos, el mar territorial, el subsuelo y el espacio suprayacente respectivo.

La capital es Quito.

Artículo 3. Son deberes primordiales del Estado:

Fortalecer la unidad nacional en la diversidad.

Asegurar la vigencia de los derechos humanos, las libertades fundamentales de mujeres y hombres, y la seguridad social.

Defender el patrimonio natural y cultural del país y proteger el medio ambiente.

Preservar el crecimiento sustentable de la economía, y el desarrollo equilibrado y equitativo en beneficio colectivo.

Erradicar la pobreza y promover el progreso económico, social y cultural de sus habitantes.

Garantizar la vigencia del sistema democrático y la administración pública libre de corrupción.

Artículo 4. El Ecuador en sus relaciones con la comunidad internacional:

Proclama la paz, la cooperación como sistema de convivencia y la igualdad jurídica de los estados.

Condena el uso o la amenaza de la fuerza como medio de solución de los conflictos, y desconoce el despojo bélico como fuente de derecho.

Declara que el derecho internacional es norma de conducta de los estados en sus relaciones recíprocas y promueve la solución de las controversias por métodos jurídicos y pacíficos.

Propicia el desarrollo de la comunidad internacional, la estabilidad y el fortalecimiento de sus organismos.

Propugna la integración, de manera especial la andina y latinoamericana.

Rechaza toda forma de colonialismo, de neocolonialismo, de discriminación o segregación, reconoce el derecho de los pueblos a su autodeterminación y a liberarse de los sistemas opresivos.

Artículo 5. El Ecuador podrá formar asociaciones con uno o más estados, para la promoción y defensa de los intereses nacionales y comunitarios.

Título I. De los habitantes

Capítulo 1 De los ecuatorianos

Artículo 6. Los ecuatorianos lo son por nacimiento o por naturalización.

Todos los ecuatorianos son ciudadanos y, como tales, gozan de los derechos establecidos en esta Constitución, que se ejercerán en los casos y con los requisitos que determine la ley.

Artículo 7. Son ecuatorianos por nacimiento:

Los nacidos en el Ecuador.

Los nacidos en el extranjero

De padre o madre ecuatoriano por nacimiento, que esté al servicio del Ecuador o de un organismo internacional o transitoriamente ausente del país por cualquier causa, si no manifiestan su voluntad contraria.

De padre o madre ecuatoriano por nacimiento, que se domicilien en el Ecuador y manifiesten su voluntad de ser ecuatorianos.

De padre o madre ecuatoriano por nacimiento, que con sujeción a la ley, manifiesten su voluntad de ser ecuatorianos, entre los dieciocho y veintiún años de edad, no obstante residir en el extranjero.

Artículo 8. Son ecuatorianos por naturalización:

Quienes obtengan la ciudadanía ecuatoriana por haber prestado servicios relevantes al país.

Quienes obtengan carta de naturalización.

Quienes, mientras sean menores de edad, son adoptados en calidad de hijos por ecuatoriano. Conservan la ciudadanía ecuatoriana si no expresan voluntad contraria al llegar a su mayoría de edad.

Quienes nacen en el exterior, de padres extranjeros que se naturalicen en el Ecuador, mientras aquellos sean menores de edad. Al llegar a los dieciocho años conservarán la ciudadanía ecuatoriana si no hicieren expresa renuncia de ella.

Los habitantes de territorio extranjero en las zonas de frontera, que acrediten pertenecer al mismo pueblo ancestral ecuatoriano, con sujeción a los convenios y tratados internacionales, y que manifiesten su voluntad expresa de ser ecuatorianos.

Artículo 9. La ciudadanía no se pierde por el matrimonio o su disolución.

Artículo 10. Quienes adquieran la ciudadanía ecuatoriana conforme al principio de reciprocidad, a los tratados que se hayan celebrado y a la expresa voluntad de adquirirla, podrán mantener la ciudadanía o nacionalidad de origen.

Artículo 11. Quien tenga la ciudadanía ecuatoriana al expedirse la presente Constitución, continuará en goce de ella.

Los ecuatorianos por nacimiento que se naturalicen o se hayan naturalizado en otro país, podrán mantener la ciudadanía ecuatoriana.

El Estado procurará proteger a los ecuatorianos que se encuentren en el extranjero.

Artículo 12. La ciudadanía ecuatoriana se perderá por cancelación de la carta de naturalización y se recuperará conforme a la ley.

Capítulo 2 De los extranjeros

Artículo 13. Los extranjeros gozarán de los mismos derechos que los ecuatorianos, con las limitaciones establecidas en la Constitución y la ley.

Artículo 14. Los contratos celebrados por las instituciones del Estado con personas naturales o jurídicas extranjeras, llevarán implícita la renuncia a toda reclamación diplomática. Si tales contratos fueren celebrados en el territorio del Ecuador, no se podrá convenir la sujeción a una jurisdicción extraña, salvo el caso de convenios internacionales.

Artículo 15. Las personas naturales o jurídicas extranjeras no podrán adquirir, a ningún TÍTULO, con fines de explotación económica, tierras o concesiones en zonas de seguridad nacional.

Título III. De los derechos, garantías y deberes

Capítulo 1. Principios generales

Artículo 16. El más alto deber del Estado consiste en respetar y hacer respetar los derechos humanos que garantiza esta Constitución.

Artículo 17. El Estado garantizará a todos sus habitantes, sin discriminación alguna, el libre y eficaz ejercicio y el goce de los derechos humanos establecidos en esta Constitución y en las declaraciones, pactos, convenios y más instrumentos internacionales vigentes. Adoptará, mediante planes y programas permanentes y periódicos, medidas para el efectivo goce de estos derechos.

Artículo 18. Los derechos y garantías determinados en esta Constitución y en los instrumentos internacionales vigentes, serán directa e inmediatamente aplicables por y ante cualquier juez, tribunal o autoridad.

En materia de derechos y garantías constitucionales, se estará a la interpretación que más favorezca su efectiva vigencia. Ninguna autoridad podrá exigir condiciones o requisitos no establecidos en la Constitución o la ley, para el ejercicio de estos derechos.

No podrá alegarse falta de ley para justificar la violación o desconocimiento de los derechos establecidos en esta Constitución, para desechar la acción por esos hechos, o para negar el reconocimiento de tales derechos.

Las leyes no podrán restringir el ejercicio de los derechos y garantías constitucionales.

Artículo 19. Los derechos y garantías señalados en esta Constitución y en los instrumentos internacionales, no excluyen otros que se deriven de la naturaleza de la persona y que son necesarios para su pleno desenvolvimiento moral y material.

Artículo 20. Las instituciones del Estado, sus delegatarios y concesionarios, estarán obligados a indemnizar a los particulares por los perjuicios que les irroguen como consecuencia de la prestación deficiente de los servicios públicos o de los actos de sus funcionarios y empleados, en el desempeño de sus cargos.

Las instituciones antes mencionadas tendrán derecho de repetición y harán efectiva la responsabilidad de los funcionarios o empleados que, por dolo o culpa grave judicialmente declarada, hayan causado los perjuicios. La responsabilidad penal de tales funcionarios y empleados, será establecida por los jueces competentes.

Artículo 21. Cuando una sentencia condenatoria sea reformada o revocada por efecto de recurso de revisión, la persona que haya sufrido una pena como resultado de tal sentencia, será rehabilitada e indemnizada por el Estado, de acuerdo con la ley.

Artículo 22. El Estado será civilmente responsable en los casos de error judicial, por inadecuada administración de justicia, por los actos que hayan producido la prisión de un inocente o su detención arbitraria, y por los supuestos de violación de las normas establecidas en el **Artículo** 24. El Estado tendrá derecho de repetición contra el juez o funcionario responsable.

Capítulo 2. De los derechos civiles

Artículo 23. Sin perjuicio de los derechos establecidos en esta Constitución y en los instrumentos internacionales vigentes, el Estado reconocerá y garantizará a las personas los siguientes:

La inviolabilidad de la vida. No hay pena de muerte.

La integridad personal. Se prohiben las penas crueles, las torturas; todo procedimiento inhumano, degradante o que implique violencia física, psicológica, sexual o coacción moral, y la aplicación y utilización indebida de material genético humano.

El Estado adoptará las medidas necesarias para prevenir, eliminar y sancionar, en especial, la violencia contra los niños, adolescentes, las mujeres y personas de la tercera edad.

Las acciones y penas por genocidio, tortura, desaparición forzada de personas, secuestro y homicidio por razones políticas o de conciencia, serán imprescriptibles. Estos delitos no serán susceptibles de indulto o amnistía. En estos casos, la obediencia a órdenes superiores no eximirá de responsabilidad.

La igualdad ante la ley. Todas las personas serán consideradas iguales y gozarán de los mismos derechos, libertades y oportunidades, sin discriminación en razón de nacimiento, edad, sexo, etnia, color, origen social, idioma; religión, filiación política, posición económica, orientación sexual; estado de salud, discapacidad, o diferencia de cualquier otra índole.

La libertad. Todas las personas nacen libres. Se prohíbe la esclavitud, la servidumbre y el tráfico de seres humanos en todas sus formas. Ninguna persona podrá sufrir prisión por deudas, costas, impuestos, multas ni otras obligaciones, excepto el caso de pensiones alimenticias. Nadie podrá ser obligado a hacer algo prohibido o a dejar de hacer algo no prohibido por la ley.

El derecho a desarrollar libremente su personalidad, sin más limitaciones que las impuestas por el orden jurídico y los derechos de los demás.

El derecho a vivir en un ambiente sano, ecológicamente equilibrado y libre de contaminación. La ley establecerá las restricciones al ejercicio de determinados derechos y libertades, para proteger el medio ambiente.

El derecho a disponer de bienes y servicios, públicos y privados, de óptima calidad; a elegirlos con libertad, así como a recibir información adecuada y veraz sobre su contenido y características.

El derecho a la honra, a la buena reputación y a la intimidad personal y familiar. La ley protegerá el nombre, la imagen y la voz de la persona.

El derecho a la libertad de opinión y de expresión del pensamiento en todas sus formas, a través de cualquier medio de comunicación, sin perjuicio de las responsabilidades previstas en la ley.

La persona afectada por afirmaciones sin pruebas o inexactas, o agraviada en su honra por informaciones o publicaciones no pagadas hechas por la prensa u otros medios de comunicación social, tendrá derecho a que estos hagan la rectificación correspondiente en forma obligatoria, inmediata y gratuita, y en el mismo espacio o tiempo de la información o publicación que se rectifica.

El derecho a la comunicación y a fundar medios de comunicación social y a acceder, en igualdad de condiciones, a frecuencias de radio y televisión.

La libertad de conciencia; la libertad de religión, expresada en forma individual o colectiva, en público o en privado. Las personas practicarán libremente el culto que profesen, con las únicas limitaciones que la ley prescriba para proteger y respetar la diversidad, la pluralidad, la seguridad y los derechos de los demás.

La inviolabilidad de domicilio. Nadie podrá ingresar en él ni realizar inspecciones o registros sin la autorización de la persona que lo habita o sin orden judicial, en los casos y forma que establece la ley.

La inviolabilidad y el secreto de la correspondencia. Esta solo podrá ser retenida, abierta y examinada en los casos previstos en la ley. Se guardará el secreto de los asuntos ajenos al hecho que motive su examen. El mismo principio se observará con respecto a cualquier otro tipo o forma de comunicación.

El derecho a transitar libremente por el territorio nacional y a escoger su residencia. Los ecuatorianos gozarán de libertad para entrar y salir del Ecuador. En cuanto a los extranjeros, se estará a lo dispuesto en la ley. La prohibición de salir del país solo podrá ser ordenada por juez competente, de acuerdo con la ley.

El derecho a dirigir quejas y peticiones a las autoridades, pero en ningún caso en nombre del pueblo; y a recibir la atención o las respuestas pertinentes, en el plazo adecuado.

La libertad de empresa, con sujeción a la ley.

La libertad de trabajo. Ninguna persona podrá ser obligada a realizar un trabajo gratuito o forzoso.

La libertad de contratación, con sujeción a la ley.

La libertad de asociación y de reunión, con fines pacíficos.

El derecho a una calidad de vida que asegure la salud, alimentación y nutrición, agua potable, saneamiento ambiental; educación, trabajo, empleo, recreación, vivienda, vestido y otros servicios sociales necesarios.

El derecho a guardar reserva sobre sus convicciones políticas y religiosas. Nadie podrá ser obligado a declarar sobre ellas.

En ningún caso se podrá utilizar la información personal de terceros sobre sus creencias religiosas y filiación política, ni sobre datos referentes a salud y vida sexual, salvo para satisfacer necesidades de atención médica.

El derecho a participar en la vida cultural de la comunidad.

El derecho a la propiedad, en los términos que señala la ley.

El derecho a la identidad, de acuerdo con la ley.

El derecho a tomar decisiones libres y responsables sobre su vida sexual.

La seguridad jurídica.

El derecho al debido proceso y a una justicia sin dilaciones.

Artículo 24. Para asegurar el debido proceso deberán observarse las siguientes garantías básicas, sin menoscabo de otras que establezcan la Constitución, los instrumentos internacionales, las leyes o la jurisprudencia:

Nadie podrá ser juzgado por un acto u omisión que al momento de cometerse no esté legalmente tipificado como infracción penal, administrativa o de otra naturaleza, ni se le aplicará una sanción no prevista en la Constitución o la ley. Tampoco se podrá juzgar a una persona sino conforme a las leyes preexistentes, con observancia del trámite propio de cada procedimiento.

En caso de conflicto entre dos leyes que contengan sanciones, se aplicará la menos rigurosa, aun cuando su promulgación fuere posterior a la infracción; y en caso de duda, la norma que contenga sanciones se aplicará en el sentido más favorable al encausado.

Las leyes establecerán la debida proporcionalidad entre infracciones y sanciones. Determinará también sanciones alternativas a las penas de privación de la libertad, de conformidad con la naturaleza de cada caso, la personalidad del infractor y la reinserción social del sentenciado.

Toda persona, al ser detenida, tendrá derecho a conocer en forma clara las razones de su detención, la identidad de la autoridad que la ordenó, la de los agentes que la llevan a cabo y la de los responsables del respectivo interrogatorio.

También será informada de su derecho a permanecer en silencio, a solicitar la presencia de un abogado y a comunicarse con un familiar o con cualquier persona que indique. Será sancionado quien haya detenido a una persona, con o sin orden escrita del juez, y no justifique haberla entregado inmediatamente a la autoridad competente.

Ninguna persona podrá ser interrogada, ni aun con fines de investigación, por el Ministerio Público, por una autoridad policial o por cualquier otra, sin la asistencia de un abogado defensor particular o nombrado por el Estado, en caso de que el interesado no pueda designar a su propio defensor. Cualquier diligencia judicial, preprocesal o administrativa que no cumpla con este precepto, carecerá de eficacia probatoria.

Nadie será privado de su libertad sino por orden escrita de juez competente, en los casos, por el tiempo y con las formalidades prescritas por la ley, salvo delito flagrante, en cuyo caso tampoco podrá mantenérsele detenido sin fórmula de juicio, por más de veinticuatro horas. Se exceptúan los arrestos disciplinarios previstos por la ley dentro de los organismos de la fuerza pública. Nadie podrá ser incomunicado.

Se presumirá la inocencia de toda persona cuya culpabilidad no se haya declarado mediante sentencia ejecutoriada.

La prisión preventiva no podrá exceder de seis meses, en las causas por delitos sancionados con prisión, ni de un año, en delitos sancionados con reclusión. Si se excedieren esos plazos, la orden de prisión preventiva quedará sin efecto, bajo la responsabilidad del juez que conoce la causa.

En todo caso, y sin excepción alguna, dictado el auto de sobreseimiento o la sentencia absolutoria, el detenido recobrará inmediatamente su libertad, sin perjuicio de cualquier consulta o recurso pendiente.

Nadie podrá ser obligado a declarar en juicio penal contra su cónyuge o parientes hasta dentro del cuarto grado de consanguinidad o segundo de afinidad, ni compelido a declarar en contra de sí mismo, en asuntos que puedan ocasionar su responsabilidad penal.

Serán admisibles las declaraciones voluntarias de quienes resulten víctimas de un delito o las de los parientes de éstas, con independencia del grado de parentesco. Estas personas, además, podrán plantear y proseguir la acción penal correspondiente.

Nadie podrá ser privado del derecho de defensa en ningún estado o grado del respectivo procedimiento. El Estado establecerá defensores públicos para el patrocinio de las comunidades indígenas, de los trabajadores, de las mujeres y de los menores de edad abandonados o víctimas de violencia intrafamiliar o sexual, y de toda persona que no disponga de medios económicos.

Ninguna persona podrá ser distraída de su juez competente ni juzgada por tribunales de excepción o por comisiones especiales que se creen para el efecto.

Toda persona tendrá el derecho a ser oportuna y debidamente informada, en su lengua materna, de las acciones iniciadas en su contra.

Las resoluciones de los poderes públicos que afecten a las personas, deberán ser motivadas. No habrá tal motivación si en la resolución no se enunciaren normas o principios jurídicos en que se haya fundado, y si no se explicare la pertinencia de su aplicación a los antecedentes de hecho. Al resolver la impugnación de una sanción, no se podrá empeorar la situación del recurrente.

Las pruebas obtenidas o actuadas con violación de la Constitución o la ley, no tendrán validez alguna.

En cualquier clase de procedimiento, los testigos y peritos estarán obligados a comparecer ante el juez y a responder al interrogatorio respectivo, y las partes tendrán derecho de acceso a los documentos relacionados con tal procedimiento.

Nadie podrá ser juzgado más de una vez por la misma causa.

Toda persona tendrá derecho a acceder a los órganos judiciales y a obtener de ellos la tutela efectiva, imparcial y expedita de sus derechos e intereses, sin que en caso alguno quede en indefensión. El incumplimiento de las resoluciones judiciales será sancionado por la ley.

Artículo 25. En ningún caso se concederá la extradición de un ecuatoriano. Su juzgamiento se sujetará a las leyes del Ecuador.

Capítulo 3. De los derechos políticos

Artículo 26. Los ciudadanos ecuatorianos gozarán del derecho de elegir y ser elegidos, de presentar proyectos de ley al Congreso Nacional, de ser consultados en los casos previstos en la Constitución, de fiscalizar los actos de los órganos del poder público, de revocar el mandato que confieran a los dignatarios de elección popular, y de desempeñar empleos y funciones públicas.

Estos derechos se ejercerán en los casos y con los requisitos que señalen la Constitución y la ley.

Los extranjeros no gozarán de estos derechos.

Artículo 27. El voto popular será universal, igual, directo y secreto; obligatorio para los que sepan leer y escribir, facultativo para los analfabetos y para los mayores de sesenta y cinco años. Tendrán derecho a voto los ecuatorianos que hayan cumplido dieciocho años de edad y se hallen en el goce de los derechos políticos.

Los miembros de la fuerza pública en servicio activo no harán uso de este derecho.

Los ecuatorianos domiciliados en el exterior podrán elegir presidente y Vicepresidente de la República, en el lugar de su registro o empadronamiento. La ley regulará el ejercicio de este derecho.

Artículo 28. El goce de los derechos políticos se suspenderá por las razones siguientes:

Interdicción judicial, mientras ésta subsista, salvo el caso de insolvencia o quiebra que no haya sido declarada fraudulenta.

Sentencia que condene a pena privativa de libertad, mientras ésta subsista, salvo el caso de contravención.

En los demás casos determinados por la ley.

Artículo 29. Los ecuatorianos perseguidos por delitos políticos tendrán derecho a solicitar asilo y lo ejercerán de conformidad con la ley y los convenios internacionales. El Ecuador reconoce a los extranjeros el derecho de asilo.

Capítulo 4. De los derechos económicos, sociales y culturales

Sección primera. De la propiedad

Artículo 30. La propiedad, en cualquiera de sus formas y mientras cumpla su función social, constituye un derecho que el Estado reconocerá y garantizará para la organización de la economía.

Deberá procurar el incremento y la redistribución del ingreso, y permitir el acceso de la población a los beneficios de la riqueza y el desarrollo.

Se reconocerá y garantizará la propiedad intelectual, en los términos previstos en la ley y de conformidad con los convenios y tratados vigentes.

Artículo 31. El Estado estimulará la propiedad y la gestión de los trabajadores en las empresas, por medio de la transferencia de acciones o participaciones a favor de aquellos. El porcentaje de utilidad de las empresas que corresponda a los trabajadores, será pagado en dinero o en acciones o participaciones, de conformidad con la ley. Ésta establecerá los resguardos necesarios para que las utilidades beneficien permanentemente al trabajador y a su familia.

Artículo 32. Para hacer efectivo el derecho a la vivienda y a la conservación del medio ambiente, las municipalidades podrán expropiar, reservar y controlar áreas para el desarrollo futuro, de conformidad con la ley.

El Estado estimulará los programas de vivienda de interés social.

Artículo 33. Para fines de orden social determinados en la ley, las instituciones del Estado, mediante el procedimiento y en los plazos que señalen las normas procesales, podrán expropiar, previa justa valoración, pago e indemnización, los bienes que pertenezcan al sector privado. Se prohíbe toda confiscación.

Artículo 34. El Estado garantizará la igualdad de derechos y oportunidades de mujeres y hombres en el acceso a recursos para la producción y en la toma de decisiones económicas para la administración de la sociedad conyugal y de la propiedad.

Sección segunda. Del trabajo

Artículo 35. El trabajo es un derecho y un deber social. Gozará de la protección del Estado, el que asegurará al trabajador el respeto a su dignidad, una existencia decorosa y una remuneración justa que cubra sus necesidades y las de su familia. Se regirá por las siguientes normas fundamentales:

La legislación del trabajo y su aplicación se sujetarán a los principios del derecho social.

El Estado propenderá a eliminar la desocupación y la subocupación.

El Estado garantizará la intangibilidad de los derechos reconocidos a los trabajadores, y adoptará las medidas para su ampliación y mejoramiento.

Los derechos del trabajador son irrenunciables. Será nula toda estipulación que implique su renuncia, disminución o alteración. Las acciones para reclamarlos prescribirán en el tiempo señalado por la ley, contado desde la terminación de la relación laboral.

Será válida la transacción en materia laboral, siempre que no implique renuncia de derechos y se celebre ante autoridad administrativa o juez competente.

En caso de duda sobre el alcance de las disposiciones legales, reglamentarias o contractuales en materia laboral, se aplicarán en el sentido más favorable a los trabajadores.

La remuneración del trabajo será inembargable, salvo para el pago de pensiones alimenticias. Todo lo que deba el empleador por razón del trabajo, constituirá crédito privilegiado de primera clase, con preferencia aun respecto de los hipotecarios.

Los trabajadores participarán en las utilidades líquidas de las empresas, de conformidad con la ley.

Se garantizará el derecho de organización de trabajadores y empleadores y su libre desenvolvimiento, sin autorización previa y conforme a la ley. Para todos los efectos de las relaciones laborales en las instituciones del Estado, el sector laboral estará representado por una sola organización.

Las relaciones de las instituciones comprendidas en los numerales 1, 2, 3 y 4, del **Artículo** 118 y de las personas jurídicas creadas por ley para el ejercicio de la potestad estatal, con sus servidores, se sujetarán a las leyes que regulan la administración pública, salvo las de los obreros, que se regirán por el derecho del trabajo.

Cuando las instituciones del Estado ejerzan actividades que no puedan delegar al sector privado, ni éste pueda asumir libremente, las relaciones con sus servidores, se regularán por el derecho administrativo, con excepción de las relacionadas con los obreros, que estarán amparadas por el derecho del trabajo.

Para las actividades ejercidas por las instituciones del Estado y que pueden ser asumidas por delegación total o parcial por el sector privado, las relaciones con los trabajadores se regularán por el derecho del trabajo, con excepción de las funciones de dirección, gerencia, representación, asesoría, jefatura departamental o equivalentes, las cuales estarán sujetas al derecho administrativo.

Se reconoce y garantiza el derecho de los trabajadores a la huelga y el de los empleadores al paro, de conformidad con la ley.

Se prohíbe la paralización, a cualquier TÍTULO, de los servicios públicos, en especial los de salud, educación, justicia y seguridad social; energía eléctrica, agua potable y alcantarillado; procesamiento, transporte y distribución de combustibles; transportación pública, telecomunicaciones. La ley establecerá las sanciones pertinentes.

Sin perjuicio de la responsabilidad principal del obligado directo y dejando a salvo el derecho de repetición, la persona en cuyo provecho se realice la obra o se preste el servicio será responsable solidaria del cumplimiento de las obligaciones laborales, aunque el contrato de trabajo se efectúe por intermediario.

Se garantizará especialmente la contratación colectiva; en consecuencia, el pacto colectivo legalmente celebrado no podrá ser modificado, desconocido o menoscabado en forma unilateral.

Los conflictos colectivos de trabajo serán sometidos a tribunales de conciliación y arbitraje, integrados por los empleadores y trabajadores, presididos por un funcionario del trabajo. Estos tribunales serán los únicos competentes para la calificación, tramitación y resolución de los conflictos.

Para el pago de las indemnizaciones a que tiene derecho el trabajador, se entenderá como remuneración todo lo que éste perciba en dinero, en servicios o en especies, inclusive lo que reciba por los trabajos extraordinarios y suplementarios, a destajo, comisiones, participación en beneficios o cualquier otra retribución que tenga carácter normal en la industria o servicio.

Se exceptuarán el porcentaje legal de utilidades, los viáticos o subsidios ocasionales, la decimotercera, decimocuarta, decimoquinta y decimosexta remuneraciones; la compensación salarial, la bonificación complementaria y el beneficio que representen los servicios de orden social.

Artículo 36. El Estado propiciará la incorporación de las mujeres al trabajo remunerado, en igualdad de derechos y oportunidades, garantizándole idéntica remuneración por trabajo de igual valor.

Velará especialmente por el respeto a los derechos laborales y reproductivos para el mejoramiento de sus condiciones de trabajo y el acceso a los sistemas de seguridad social, especialmente en el caso de la madre gestante y en período de lactancia, de la mujer trabajadora, la del sector informal, la del sector artesanal, la jefa de hogar y la que se encuentre en estado de viudez. Se prohíbe todo tipo de discriminación laboral contra la mujer.

El trabajo del cónyuge o conviviente en el hogar, será tomado en consideración para compensarle equitativamente, en situaciones especiales en que aquél se encuentre en desventaja económica. Se reconocerá como labor productiva, el trabajo doméstico no remunerado.

Sección tercera. De la familia

Artículo 37. El Estado reconocerá y protegerá a la familia como célula fundamental de la sociedad y garantizará las condiciones que favorezcan íntegramente la consecución de sus fines. Esta se constituirá por vínculos jurídicos o de hecho y se basará en la igualdad de derechos y oportunidades de sus integrantes.

Protegerá el matrimonio, la maternidad y el haber familiar. Igualmente apoyará a las mujeres jefas de hogar.

El matrimonio se fundará en el libre consentimiento de los contrayentes y en la igualdad de derechos, obligaciones y capacidad legal de los cónyuges.

Artículo 38. La unión estable y monogámica de un hombre y una mujer, libres de vínculo matrimonial con otra persona, que formen un hogar de hecho, por el lapso y bajo las condiciones y circunstancias que señale la ley, generará los mismos derechos y obligaciones que tienen las familias constituidas mediante matrimonio, inclusive en lo relativo a la presunción legal de paternidad, y a la sociedad conyugal.

Artículo 39. Se propugnarán la maternidad y paternidad responsables. El Estado garantizará el derecho de las personas a decidir sobre el número de hijos que puedan procrear, adoptar, mantener y educar. Será obligación del Estado informar, educar y proveer los medios que coadyuven al ejercicio de este derecho.

Se reconocerá el patrimonio familiar inembargable en la cuantía y condiciones que establezca la ley, y con las limitaciones de ésta. Se garantizarán los derechos de testar y de heredar.

Artículo 40. El Estado protegerá a las madres, a los padres y a quienes sean jefes de familia, en el ejercicio de sus obligaciones. Promoverá la corresponsabilidad paterna y materna y vigilará el cumplimiento de los deberes y derechos recíprocos entre padres e hijos. Los hijos, sin considerar antecedentes de filiación o adopción, tendrán los mismos derechos.

Al inscribir el nacimiento no se exigirá declaración sobre la calidad de la filiación, y en el documento de identidad no se hará referencia a ella.

Artículo 41. El Estado formulará y ejecutará políticas para alcanzar la igualdad de oportunidades entre mujeres y hombres, a través de un organismo especializado que funcionará en la forma que determine la ley, incorporará el enfoque de género en planes y programas, y brindará asistencia técnica para su obligatoria aplicación en el sector público.

Sección cuarta. De la salud

Artículo 42. El Estado garantizará el derecho a la salud, su promoción y protección, por medio del desarrollo de la seguridad alimentaria, la provisión de agua potable y saneamiento básico, el fomento de ambientes saludables en lo familiar, laboral y comunitario, y la posibilidad de acceso permanente e ininterrumpido a servicios de salud, conforme a los principios de equidad, universalidad, solidaridad, calidad y eficiencia.

Artículo 43. Los programas y acciones de salud pública serán gratuitos para todos. Los servicios públicos de atención médica, lo serán para las personas que los necesiten. Por ningún motivo se negará la atención de emergencia en los establecimientos públicos o privados.

El Estado promoverá la cultura por la salud y la vida, con énfasis en la educación alimentaria y nutricional de madres y niños, y en la salud sexual y reproductiva, mediante la participación de la sociedad y la colaboración de los medios de comunicación social.

Adoptará programas tendientes a eliminar el alcoholismo y otras toxicomanías.

Artículo 44. El Estado formulará la política nacional de salud y vigilará su aplicación; controlará el funcionamiento de las entidades del sector; reconocerá, respetará y promoverá el desarrollo de las medicinas tradicional y alternativa, cuyo ejercicio será regulado por la ley, e impulsará el avance científico-tecnológico en el área de la salud, con sujeción a principios bioéticos.

Artículo 45. El Estado organizará un sistema nacional de salud, que se integrará con las entidades públicas, autónomas, privadas y comunitarias del sector. Funcionará de manera descentralizada, desconcentrada y participativa.

Artículo 46. El financiamiento de las entidades públicas del sistema nacional de salud provendrá de aportes obligatorios, suficientes y oportunos del Presupuesto General del Estado, de personas que ocupen sus servicios y que tengan capacidad de contribución económica y de otras fuentes que señale la ley.

La asignación fiscal para salud pública se incrementará anualmente en el mismo porcentaje en que aumenten los ingresos corrientes totales del presupuesto del gobierno central. No habrá reducciones presupuestarias en esta materia.

Sección quinta. De los grupos vulnerables

Artículo 47. En el ámbito público y privado recibirán atención prioritaria, preferente y especializada los niños y adolescentes, las mujeres embarazadas, las personas con discapacidad, las que adolecen de enfermedades catastróficas de alta complejidad y las de la tercera edad. Del mismo modo, se atenderá a las personas en situación de riesgo y víctimas de violencia doméstica, maltrato infantil, desastres naturales o antropogénicos.

Artículo 48. Será obligación del Estado, la sociedad y la familia, promover con máxima prioridad el desarrollo integral de niños y adolescentes y asegurar el ejercicio pleno de sus derechos. En todos los casos se aplicará el principio del interés superior de los niños, y sus derechos prevalecerán sobre los de los demás.

Artículo 49. Los niños y adolescentes gozarán de los derechos comunes al ser humano, además de los específicos de su edad. El Estado les asegurará y garantizará el derecho a la vida, desde su concepción; a la integridad física y psíquica; a su identidad, nombre y ciudadanía; a la salud integral y nutrición; a la educación y cultura, al deporte y recreación; a la seguridad social, a tener una familia y disfrutar de la convivencia familiar y comunitaria; a la participación social, al respeto a su libertad y dignidad, y a ser consultados en los asuntos que les afecten.

El Estado garantizará su libertad de expresión y asociación, el funcionamiento libre de los consejos estudiantiles y demás formas asociativas, de conformidad con la ley.

Artículo 50. El Estado adoptará las medidas que aseguren a los niños y adolescentes las siguientes garantías:

Atención prioritaria para los menores de seis años que garantice nutrición, salud, educación y cuidado diario.

Protección especial en el trabajo, y contra la explotación económica en condiciones laborales peligrosas, que perjudiquen su educación o sean nocivas para su salud o su desarrollo personal.

Atención preferente para su plena integración social, a los que tengan discapacidad.

Protección contra el tráfico de menores, pornografía, prostitución, explotación sexual, uso de estupefacientes, sustancias psicotrópicas y consumo de bebidas alcohólicas.

Prevención y atención contra el maltrato, negligencia, discriminación y violencia.

Atención prioritaria en casos de desastres y conflictos armados.

Protección frente a la influencia de programas o mensajes nocivos que se difundan a través de cualquier medio, y que promuevan la violencia, la discriminación racial o de género, o la adopción de falsos valores.

Artículo 51. Los menores de dieciocho años estarán sujetos a la legislación de menores y a una administración de justicia especializada en la Función Judicial. Los niños y adolescentes tendrán derecho a que se respeten sus garantías constitucionales.

Artículo 52. El Estado organizará un sistema nacional descentralizado de protección integral para la niñez y la adolescencia, encargado de asegurar el ejercicio y garantía de sus derechos. Su órgano rector de carácter nacional se integrará paritariamente entre Estado y sociedad civil y será competente para la definición de políticas. Formarán parte de este sistema las entidades públicas y privadas.

Los gobiernos seccionales formularán políticas locales y destinarán recursos preferentes para servicios y programas orientados a niños y adolescentes.

Artículo 53. El Estado garantizará la prevención de las discapacidades y la atención y rehabilitación integral de las personas con discapacidad, en especial en casos de indigencia. Conjuntamente con la sociedad y la familia, asumirá la responsabilidad de su integración social y equiparación de oportunidades.

El Estado establecerá medidas que garanticen a las personas con discapacidad, la utilización de bienes y servicios, especialmente en las áreas de salud, educación, capacitación, inserción laboral y recreación; y medidas que eliminen las barreras de comunicación, así como las urbanísticas, arquitectónicas y de accesibilidad al transporte, que dificulten su movilización. Los municipios tendrán la obligación de adoptar estas medidas en el ámbito de sus atribuciones y circunscripciones.

Las personas con discapacidad tendrán tratamiento preferente en la obtención de créditos, exenciones y rebajas tributarias, de conformidad con la ley.

Se reconoce el derecho de las personas con discapacidad, a la comunicación por medio de formas alternativas, como la lengua de señas ecuatoriana para sordos, oralismo, el sistema Braille y otras.

Artículo 54. El Estado garantizará a las personas de la tercera edad y a los jubilados, el derecho a asistencia especial que les asegure un nivel de vida digno, atención integral de salud gratuita y tratamiento preferente tributario y en servicios.

El Estado, la sociedad y la familia proveerán a las personas de la tercera edad y a otros grupos vulnerables, una adecuada asistencia económica y psicológica que garantice su estabilidad física y mental.

La ley regulará la aplicación y defensa de estos derechos y garantías.

Sección sexta. De la seguridad social

Artículo 55. La seguridad social será deber del Estado y derecho irrenunciable de todos sus habitantes. Se prestará con la participación de los sectores público y privado, de conformidad con la ley.

Artículo 56. Se establece el sistema nacional de seguridad social. La seguridad social se regirá por los principios de solidaridad, obligatoriedad, universalidad, equidad, eficiencia, subsidiaridad y suficiencia, para la atención de las necesidades individuales y colectivas, en procura del bien común.

Artículo 57. El seguro general obligatorio cubrirá las contingencias de enfermedad, maternidad, riesgos del trabajo, cesantía, vejez, invalidez, discapacidad y muerte.

La protección del seguro general obligatorio se extenderá progresivamente a toda la población urbana y rural, con relación de dependencia laboral o sin ella, conforme lo permitan las condiciones generales del sistema.

El seguro general obligatorio será derecho irrenunciable e imprescriptible de los trabajadores y sus familias.

Artículo 58. La prestación del seguro general obligatorio será responsabilidad del Instituto Ecuatoriano de Seguridad Social, entidad autónoma dirigida por un organismo técnico administrativo, integrado tripartita y paritariamente por representantes de asegurados, empleadores y Estado, quienes serán designados de acuerdo con la ley.

Su organización y gestión se regirán por los criterios de eficiencia, descentralización y desconcentración, y sus prestaciones serán oportunas, suficientes y de calidad.

Podrá crear y promover la formación de instituciones administradoras de recursos para fortalecer el sistema previsional y mejorar la atención de la salud de los afiliados y sus familias.

La fuerza pública podrá tener entidades de seguridad social.

Artículo 59. Los aportes y contribuciones del Estado para el seguro general obligatorio deberán constar anualmente en el presupuesto general del Estado, y serán transferidos oportuna y obligatoriamente a través del Banco Central del Ecuador.

Las prestaciones del seguro social en dinero no serán susceptibles de cesión, embargo o retención, salvo los casos de alimentos debidos por ley o de obligaciones contraídas a favor de la institución aseguradora y estarán exentas del pago de impuestos.

No podrá crearse ninguna prestación ni mejorar las existentes a cargo del seguro general obligatorio, si no se encontraren debidamente financiadas, según estudios actuariales.

Los fondos y reservas del seguro social serán propios y distintos de los del Estado, y servirán para cumplir adecuadamente los fines de su creación y funciones. Ninguna institución del Estado podrá intervenir en sus fondos y reservas ni afectar su patrimonio.

Las inversiones del Instituto Ecuatoriano de Seguridad Social con recursos provenientes del seguro general obligatorio, serán realizadas a través del mercado financiero, con sujeción a los principios de eficiencia, seguridad y rentabilidad, y se harán por medio de una comisión técnica nombrada por el organismo técnico administrativo del Instituto Ecuatoriano de Seguridad Social. La idoneidad de sus miembros será aprobada por la superintendencia bajo cuya responsabilidad esté la supervisión de las actividades de seguros, que también regulará y controlará la calidad de esas inversiones.

Las pensiones por jubilación deberán ajustarse anualmente, según las disponibilidades del fondo respectivo, el cual se capitalizará para garantizar una pensión acorde con las necesidades básicas de sustentación y costo de vida.

Artículo 60. El seguro social campesino será un régimen especial del seguro general obligatorio para proteger a la población rural y al pescador artesanal del país. Se financiará con el aporte solidario de los asegurados y empleadores del sistema nacional de seguridad social, la aportación diferenciada de las familias protegidas y las asignaciones fiscales que garanticen su fortalecimiento y desarrollo. Ofrecerá prestaciones de salud, y protección contra las contingencias de invalidez, discapacidad, vejez y muerte.

Los seguros públicos y privados que forman parte del sistema nacional de seguridad social, contribuirán obligatoriamente al financiamiento del seguro social campesino a través del Instituto Ecuatoriano de Seguridad Social, conforme lo determine la ley.

Artículo 61. Los seguros complementarios estarán orientados a proteger contingencias de seguridad social no cubiertas por el seguro general obligatorio o a mejorar sus prestaciones, y serán de carácter opcional. Se financiarán con el aporte de los asegurados, y los empleadores podrán efectuar aportes voluntarios. Serán administrados por entidades públicas, privadas o mixtas, reguladas por la ley.

Sección séptima. De la cultura

Artículo 62. La cultura es patrimonio del pueblo y constituye elemento esencial de su identidad. El Estado promoverá y estimulará la cultura, la creación, la formación artística y la investigación científica. Establecerá políticas permanentes para la conservación, restauración, protección y respeto del patrimonio cultural tangible e intangible, de la riqueza artística, histórica, lingüística y arqueológica de la nación, así como del conjunto de valores y manifestaciones diversas que configuran la identidad nacional, pluricultural y multiétnica. El Estado fomentará la interculturalidad, inspirará sus políticas e integrará sus instituciones según los principios de equidad e igualdad de las culturas.

Artículo 63. El Estado garantizará el ejercicio y participación de las personas, en igualdad de condiciones y oportunidades, en los bienes, servicios y manifestaciones de la cultura, y adoptará las medidas para que la sociedad, el sistema educativo, la empresa privada y los medios de comunicación contribuyan a incentivar la creatividad y las actividades culturales en sus diversas manifestaciones.

Los intelectuales y artistas participarán, a través de sus organizaciones, en la elaboración de políticas culturales.

Artículo 64. Los bienes del Estado que integran el patrimonio cultural serán inalienables, inembargables e imprescriptibles. Los de propiedad particular que sean parte del patrimonio cultural, se sujetarán a lo dispuesto en la ley.

Artículo 65. El Estado reconocerá la autonomía económica y administrativa de la Casa de la Cultura Ecuatoriana, que se regirá por su ley especial, estatuto orgánico y reglamento. Sección octava De la educación

Artículo 66. La educación es derecho irrenunciable de las personas, deber inexcusable del Estado, la sociedad y la familia; área prioritaria de la inversión pública, requisito del desarrollo nacional y garantía de la equidad social. Es responsabilidad del Estado definir y ejecutar políticas que permitan alcanzar estos propósitos.

La educación, inspirada en principios éticos, pluralistas, democráticos, humanistas y científicos, promoverá el respeto a los derechos humanos, desarrollará un pensamiento crítico, fomentará el civismo; proporcionará destrezas para la eficiencia en el trabajo y la producción; estimulará la creatividad y el pleno desarrollo de la personalidad y las especiales habilidades de cada persona; impulsará la interculturalidad, la solidaridad y la paz.

La educación preparará a los ciudadanos para el trabajo y para producir conocimiento. En todos los niveles del sistema educativo se procurarán a los estudiantes prácticas extra-curriculares que estimulen el ejercicio y la producción de artesanías, oficios e industrias.

El Estado garantizará la educación para personas con discapacidad.

Artículo 67. La educación pública será laica en todos sus niveles; obligatoria hasta el nivel básico, y gratuita hasta el bachillerato o su equivalente. En los establecimientos públicos se proporcionarán, sin costo, servicios de carácter social a quienes los necesiten. Los estudiantes en situación de extrema pobreza recibirán subsidios específicos.

El Estado garantizará la libertad de enseñanza y cátedra; desechará todo tipo de discriminación; reconocerá a los padres el derecho a escoger para sus hijos una educación acorde con sus principios y creencias; prohibirá la propaganda y proselitismo político en los planteles educativos; promoverá la equidad de género, propiciará la coeducación.

El Estado formulará planes y programas de educación permanente para erradicar el analfabetismo y fortalecerá prioritariamente la educación en las zonas rural y de frontera.

Se garantizará la educación particular.

Artículo 68. El sistema nacional de educación incluirá programas de enseñanza conformes a la diversidad del país. Incorporará en su gestión estrategias de descentralización y desconcentración administrativas, financieras y pedagógicas. Los padres de familia, la comunidad, los maestros y los educandos participarán en el desarrollo de los procesos educativos.

Artículo 69. El Estado garantizará el sistema de educación intercultural bilingüe; en él se utilizará como lengua principal la de la cultura respectiva, y el castellano como idioma de relación intercultural.

Artículo 70. La ley establecerá órganos y procedimientos para que el sistema educativo nacional rinda cuentas periódicamente a la sociedad sobre la calidad de la enseñanza y su relación con las necesidades del desarrollo nacional.

Artículo 71. En el presupuesto general del Estado se asignará no menos del 30 % de los ingresos corrientes totales del gobierno central, para la educación y la erradicación del analfabetismo.

La educación fiscomisional, la particular gratuita, la especial y la artesanal, debidamente calificadas en los términos y condiciones que señale la ley, recibirán ayuda del Estado. Los organismos del régimen seccional autónomo podrán colaborar con las entidades públicas y privadas, con los mismos propósitos, sin perjuicio de las obligaciones que asuman en el proceso de descentralización.

Artículo 72. Las personas naturales y jurídicas podrán realizar aportes económicos para la dotación de infraestructura, mobiliario y material didáctico del sector educativo, los que serán deducibles del pago de obligaciones tributarias, en los términos que señale la ley.

Artículo 73. La ley regulará la carrera docente y la política salarial, garantizará la estabilidad, capacitación, promoción y justa remuneración de los educadores en todos los niveles y modalidades, a base de la evaluación de su desempeño.

Artículo 74. La educación superior estará conformada por universidades, escuelas politécnicas e institutos superiores técnicos y tecnológicos. Será planificada, regulada y coordinada por el Consejo Nacional de Educación Superior, cuya integración, atribuciones y obligaciones constarán en la ley.

Entre las instituciones de educación superior, la sociedad y el Estado, existirá una interacción que les permita contribuir de manera efectiva y actualizada a mejorar la producción de bienes y servicios y el desarrollo sustentable del país, en armonía con los planes nacionales, regionales y locales.

Artículo 75. Serán funciones principales de las universidades y escuelas politécnicas, la investigación científica, la formación profesional y técnica, la creación y desarrollo de la cultura nacional y su difusión en los sectores populares, así como el estudio y el planteamiento de soluciones para los problemas del país, a fin de contribuir a crear una nueva y más justa sociedad ecuatoriana, con métodos y orientaciones específicos para el cumplimiento de estos fines.

Las universidades y escuelas politécnicas públicas y particulares serán personas jurídicas autónomas sin fines de lucro, que se regirán por la ley y por sus estatutos, aprobados por el Consejo Nacional de Educación Superior.

Como consecuencia de la autonomía, la Función Ejecutiva o sus órganos, autoridades o funcionarios, no podrán clausurarlas ni reorganizarlas, total o parcialmente, privarlas de sus rentas o asignaciones presupuestarias ni retardar injustificadamente sus transferencias.

Sus recintos serán inviolables. No podrán ser allanados sino en los casos y términos en que puede serlo el domicilio de una persona. La vigilancia y mantenimiento del orden interno serán de competencia y responsabilidad de sus autoridades. Cuando se necesite el resguardo de la fuerza pública, la máxima autoridad universitaria o politécnica solicitará la asistencia pertinente.

Artículo 76. Las universidades y escuelas politécnicas serán creadas por el Congreso Nacional mediante ley, previo informe favorable y obligatorio del Consejo Nacional de Educación Superior, que autorizará el funcionamiento de los institutos superiores técnicos y tecnológicos, de acuerdo con la ley.

Artículo 77. El Estado garantizará la igualdad de oportunidad de acceso a la educación superior. Ninguna persona podrá ser privada de acceder a ella por razones económicas; para el efecto, las entidades de educación superior establecerán programas de crédito y becas.

Ingresarán a las universidades y escuelas politécnicas quienes cumplan los requisitos establecidos por el sistema nacional obligatorio de admisión y nivelación.

Artículo 78. Para asegurar el cumplimiento de los fines y funciones de las instituciones estatales de educación superior, el Estado garantizará su financiamiento e incrementará su patrimonio.

Por su parte, las universidades y escuelas politécnicas crearán fuentes complementarias de ingresos y sistemas de contribución.

Sin perjuicio de otras fuentes de financiamiento de origen público y privado o alcanzadas mediante autogestión, las rentas vigentes asignadas a universidades y escuelas politécnicas públicas en el presupuesto general del Estado, se incrementarán anualmente y de manera obligatoria, de acuerdo con el crecimiento de los ingresos corrientes totales del gobierno central.

Artículo 79. Para asegurar los objetivos de calidad, las instituciones de educación superior estarán obligadas a la rendición social de cuentas, para lo cual se establecerá un sistema autónomo de evaluación y acreditación, que funcionará en forma independiente, en cooperación y coordinación con el Consejo Nacional de Educación Superior.

Para los mismos efectos, en el escalafón del docente universitario y politécnico se estimularán especialmente los méritos, la capacitación y la especialización de postgrado.

Sección novena. De la ciencia y tecnología

Artículo 80. El Estado fomentará la ciencia y la tecnología, especialmente en todos los niveles educativos, dirigidas a mejorar la productividad, la competitividad, el manejo sustentable de los recursos naturales, y a satisfacer las necesidades básicas de la población.

Garantizará la libertad de las actividades científicas y tecnológicas y la protección legal de sus resultados, así como el conocimiento ancestral colectivo.

La investigación científica y tecnológica se llevará a cabo en las universidades, escuelas politécnicas, institutos superiores técnicos y tecnológicos y centros de investigación científica, en coordinación con los sectores productivos cuando sea pertinente, y con el organismo público que establezca la ley, la que regulará también el estatuto del investigador científico.

Sección décima. De la comunicación

Artículo 81. El Estado garantizará el derecho a acceder a fuentes de información; a buscar, recibir, conocer y difundir información objetiva, veraz, plural, oportuna y sin censura previa, de los acontecimientos de interés general, que preserve los valores de la comunidad, especialmente por parte de periodistas y comunicadores sociales.

Asimismo, garantizará la cláusula de conciencia y el derecho al secreto profesional de los periodistas y comunicadores sociales o de quienes emiten opiniones formales como colaboradores de los medios de comunicación.

No existirá reserva respecto de informaciones que reposen en los archivos públicos, excepto de los documentos para los que tal reserva sea exigida por razones de defensa nacional y por otras causas expresamente establecidas en la ley.

Los medios de comunicación social deberán participar en los procesos educativos, de promoción cultural y preservación de valores éticos. La ley establecerá los alcances y limitaciones de su participación.

Se prohíbe la publicidad que por cualquier medio o modo promueva la violencia, el racismo, el sexismo, la intolerancia religiosa o política y cuanto afecte a la dignidad del ser humano.

Sección undécima. De los deportes

Artículo 82. El Estado protegerá, estimulará, promoverá y coordinará la cultura física, el deporte y la recreación, como actividades para la formación integral de las personas. Proveerá de recursos e infraestructura que permitan la masificación de dichas actividades.

Auspiciará la preparación y participación de los deportistas de alto rendimiento en competencias nacionales e internacionales, y fomentará la participación de las personas con discapacidad.

Capítulo 5. De los derechos colectivos

Sección primera. De los pueblos indígenas y negros o afroecuatorianos

Artículo 83. Los pueblos indígenas, que se autodefinen como nacionalidades de raíces ancestrales, y los pueblos negros o afroecuatorianos, forman parte del Estado ecuatoriano, único e indivisible.

Artículo 84. El Estado reconocerá y garantizará a los pueblos indígenas, de conformidad con esta Constitución y la ley, el respeto al orden público y a los derechos humanos, los siguientes derechos colectivos:

Mantener, desarrollar y fortalecer su identidad y tradiciones en lo espiritual, cultural, lingüístico, social, político y económico.

Conservar la propiedad imprescriptible de las tierras comunitarias, que serán inalienables, inembargables e indivisibles, salvo la facultad del Estado para declarar su utilidad pública. Estas tierras estarán exentas del pago del impuesto predial.

Mantener la posesión ancestral de las tierras comunitarias y a obtener su adjudicación gratuita, conforme a la ley.

Participar en el uso, usufructo, administración y conservación de los recursos naturales renovables que se hallen en sus tierras.

Ser consultados sobre planes y programas de prospección y explotación de recursos no renovables que se hallen en sus tierras y que puedan afectarlos ambiental o culturalmente; participar en los beneficios que esos proyectos reporten, en cuanto sea posible y recibir indemnizaciones por los perjuicios socio-ambientales que les causen.

Conservar y promover sus prácticas de manejo de la biodiversidad y de su entorno natural.

Conservar y desarrollar sus formas tradicionales de convivencia y organización social, de generación y ejercicio de la autoridad.

A no ser desplazados, como pueblos, de sus tierras.

A la propiedad intelectual colectiva de sus conocimientos ancestrales; a su valoración, uso y desarrollo conforme a la ley.

Mantener, desarrollar y administrar su patrimonio cultural e histórico.

Acceder a una educación de calidad. Contar con el sistema de educación intercultural bilingüe.

A sus sistemas, conocimientos y prácticas de medicina tradicional, incluido el derecho a la protección de los lugares rituales y sagrados, plantas, animales, minerales y ecosistemas de interés vital desde el punto de vista de aquella.

Formular prioridades en planes y proyectos para el desarrollo y mejoramiento de sus condiciones económicas y sociales; y a un adecuado financiamiento del Estado.

Participar, mediante representantes, en los organismos oficiales que determine la ley.

Usar símbolos y emblemas que los identifiquen.

Artículo 85. El Estado reconocerá y garantizará a los pueblos negros o afroecuatorianos, los derechos determinados en el artículo anterior, en todo aquello que les sea aplicable.

Sección segunda. Del medio ambiente

Artículo 86. El Estado protegerá el derecho de la población a vivir en un medio ambiente sano y ecológicamente equilibrado, que garantice un desarrollo sustentable. Velará para que este derecho no sea afectado y garantizará la preservación de la naturaleza.

Se declaran de interés público y se regularán conforme a la ley:

La preservación del medio ambiente, la conservación de los ecosistemas, la biodiversidad y la integridad del patrimonio genético del país.

La prevención de la contaminación ambiental, la recuperación de los espacios naturales degradados, el manejo sustentable de los recursos naturales y los requisitos que para estos fines deberán cumplir las actividades públicas y privadas.

El establecimiento de un sistema nacional de áreas naturales protegidas, que garantice la conservación de la biodiversidad y el mantenimiento de los servicios ecológicos, de conformidad con los convenios y tratados internacionales.

Artículo 87. La ley tipificará las infracciones y determinará los procedimientos para establecer responsabilidades administrativas, civiles y penales que correspondan a las personas naturales o jurídicas, nacionales o extranjeras, por las acciones u omisiones en contra de las normas de protección al medio ambiente.

Artículo 88. Toda decisión estatal que pueda afectar al medio ambiente, deberá contar previamente con los criterios de la comunidad, para lo cual ésta será debidamente informada. La ley garantizará su participación.

Artículo 89. El Estado tomará medidas orientadas a la consecución de los siguientes objetivos:

Promover en el sector público y privado el uso de tecnologías ambientalmente limpias y de energías alternativas no contaminantes.

Establecer estímulos tributarios para quienes realicen acciones ambientalmente sanas.

Regular, bajo estrictas normas de bioseguridad, la propagación en el medio ambiente, la experimentación, el uso, la comercialización y la importación de organismos genéticamente modificados.

Artículo 90. Se prohíben la fabricación, importación, tenencia y uso de armas químicas, biológicas y nucleares, así como la introducción al territorio nacional de residuos nucleares y desechos tóxicos.

El Estado normará la producción, importación, distribución y uso de aquellas sustancias que, no obstante su utilidad, sean tóxicas y peligrosas para las personas y el medio ambiente.

Artículo 91. El Estado, sus delegatarios y concesionarios, serán responsables por los daños ambientales, en los términos señalados en el **Artículo** 20 de esta Constitución.

Tomará medidas preventivas en caso de dudas sobre el impacto o las consecuencias ambientales negativas de alguna acción u omisión, aunque no exista evidencia científica de daño.

Sin perjuicio de los derechos de los directamente afectados, cualquier persona natural o jurídica, o grupo humano, podrá ejercer las acciones previstas en la ley para la protección del medio ambiente.

Sección tercera. De los consumidores

Artículo 92. La ley establecerá los mecanismos de control de calidad, los procedimientos de defensa del consumidor, la reparación e indemnización por deficiencias, daños y mala calidad de bienes y servicios, y por la interrupción de los servicios públicos no ocasionados por catástrofes, caso fortuito o fuerza mayor, y las sanciones por la violación de estos derechos.

Las personas que presten servicios públicos o que produzcan o comercialicen bienes de consumo, serán responsables civil y penalmente por la prestación del servicio, así como por las condiciones del producto que ofrezcan, de acuerdo con la publicidad efectuada y la descripción de su etiqueta. El Estado auspiciará la constitución de asociaciones de consumidores y usuarios, y adoptará medidas para el cumplimiento de sus objetivos.

El Estado y las entidades seccionales autónomas responderán civilmente por los daños y perjuicios causados a los habitantes, por su negligencia y descuido en la atención de los servicios públicos que estén a su cargo y por la carencia de servicios que hayan sido pagados.

Capítulo 6. De las garantías de los derechos

Sección primera. Del hábeas corpus

Artículo 93. Toda persona que crea estar ilegalmente privada de su libertad, podrá acogerse al hábeas corpus. Ejercerá este derecho por sí o por interpuesta persona, sin necesidad de mandato escrito, ante el alcalde bajo cuya jurisdicción se encuentre, o ante quien haga sus veces. La autoridad municipal, en el plazo de veinticuatro horas contadas a partir de la recepción de la solicitud, ordenará que el recurrente sea conducido inmediatamente a su presencia, y se exhiba la orden de privación de libertad. Su mandato será obedecido sin observación ni excusa, por los encargados del centro de rehabilitación o del lugar de detención.

El alcalde dictará su resolución dentro de las veinticuatro horas siguientes. Dispondrá la inmediata libertad del reclamante si el detenido no fuere presentado, si no se exhibiere la orden, si ésta no cumpliere los requisitos legales, si se hubiere incurrido en vicios de procedimiento en la detención o, si se hubiere justificado el fundamento del recurso.

Si el alcalde no tramitare el recurso, será civil y penalmente responsable, de conformidad con la ley.

El funcionario o empleado que no acate la orden o la resolución será inmediatamente destituido de su cargo o empleo sin más trámite, por el alcalde, quien comunicará tal decisión a la Contraloría General del Estado y a la autoridad que deba nombrar su reemplazo.

El funcionario o empleado destituido, luego de haber puesto en libertad al detenido, podrá reclamar por su destitución ante los órganos competentes de la Función Judicial, dentro de los ocho días siguientes a aquel en que fue notificado.

Sección segunda. Del hábeas data

Artículo 94. Toda persona tendrá derecho a acceder a los documentos, bancos de datos e informes que sobre sí misma, o sobre sus bienes, consten en entidades públicas o privadas, así como a conocer el uso que se haga de ellos y su propósito.

Podrá solicitar ante el funcionario respectivo, la actualización de los datos o su rectificación, eliminación o anulación, si fueren erróneos o afectaren ilegítimamente sus derechos.

Si la falta de atención causare perjuicio, el afectado podrá demandar indemnización.

La ley establecerá un procedimiento especial para acceder a los datos personales que consten en los archivos relacionados con la defensa nacional.

Sección tercera. Del amparo

Artículo 95. Cualquier persona, por sus propios derechos o como representante legitimado de una colectividad, podrá proponer una acción de amparo ante el órgano de la Función Judicial designado por la ley. Mediante esta acción, que se tramitará en forma preferente y sumaria, se requerirá la adopción de medidas urgentes destinadas a cesar, evitar la comisión o remediar inmediatamente las consecuencias de un acto u omisión ilegítimos de una autoridad pública, que viole o pueda violar cualquier derecho consagrado en la Constitución o en un tratado o convenio internacional vigente, y que, de modo inminente, amenace con causar un daño grave. También podrá interponerse la acción si el acto o la omisión hubieren sido realizados por personas que presten servicios públicos o actúen por delegación o concesión de una autoridad pública.

No serán susceptibles de acción de amparo las decisiones judiciales adoptadas en un proceso.

También se podrá presentar acción de amparo contra los particulares, cuando su conducta afecte grave y directamente un interés comunitario, colectivo o un derecho difuso.

Para la acción de amparo no habrá inhibición del juez que deba conocerla y todos los días serán hábiles.

El juez convocará de inmediato a las partes, para oírlas en audiencia pública dentro de las veinticuatro horas subsiguientes y, en la misma providencia, de existir fundamento, ordenará la suspensión de cualquier acto que pueda traducirse en violación de un derecho.

Dentro de las cuarenta y ocho horas siguientes, el juez dictará la resolución, la cual se cumplirá de inmediato, sin perjuicio de que tal resolución pueda ser apelada para su confirmación o revocatoria, para ante el Tribunal Constitucional.

La ley determinará las sanciones aplicables a las autoridades o personas que incumplan las resoluciones dictadas por el juez; y a los jueces y magistrados que violen el procedimiento de amparo, independientemente de las acciones legales a que hubiere lugar. Para asegurar el cumplimiento del amparo, el juez podrá adoptar las medidas que considere pertinentes, e incluso acudir a la ayuda de la fuerza pública.

No serán aplicables las normas procesales que se opongan a la acción de amparo, ni las disposiciones que tiendan a retardar su ágil despacho.

Sección cuarta. De la defensoría del pueblo

Artículo 96. Habrá un Defensor del Pueblo, con jurisdicción nacional, para promover o patrocinar el hábeas corpus y la acción de amparo de las personas que lo requieran; defender y excitar la observancia de los derechos fundamentales que esta Constitución garantiza; observar la calidad de los servicios públicos y ejercer las demás funciones que le asigne la ley.

El Defensor del Pueblo reunirá los mismos requisitos exigidos para ser magistrado de la Corte Suprema de Justicia; será elegido por el Congreso Nacional de fuera de su seno, con el voto favorable de las dos terceras partes de sus miembros, luego de haber escuchado a las organizaciones de derechos humanos legalmente reconocidas. Desempeñará sus funciones durante cinco años, podrá ser reelegido por una sola vez, y rendirá informe anual de labores al Congreso Nacional.

Tendrá independencia y autonomía económica y administrativa; gozará de fuero e inmunidad en los términos que señale la ley.

Capítulo 7. De los deberes y responsabilidades

Artículo 97. Todos los ciudadanos tendrán los siguientes deberes y responsabilidades, sin perjuicio de otros previstos en esta Constitución y la ley:

Acatar y cumplir la Constitución, la ley y las decisiones legítimas de autoridad competente.

Defender la integridad territorial del Ecuador.

Respetar los derechos humanos y luchar porque no se los conculque.

Promover el bien común y anteponer el interés general al interés particular.

Respetar la honra ajena.

Trabajar con eficiencia.

Estudiar y capacitarse.

Decir la verdad, cumplir los contratos y mantener la palabra empeñada.

Administrar honradamente el patrimonio público.

Pagar los tributos establecidos por la ley.

Practicar la justicia y solidaridad en el ejercicio de sus derechos y en el disfrute de bienes y servicios.

Propugnar la unidad en la diversidad, y la relación intercultural.

Asumir las funciones públicas como un servicio a la colectividad, y rendir cuentas a la sociedad y a la autoridad, conforme a la ley.

Denunciar y combatir los actos de corrupción.

Colaborar en el mantenimiento de la paz y la seguridad.

Preservar el medio ambiente sano y utilizar los recursos naturales de modo sustentable.

Participar en la vida política, cívica y comunitaria del país, de manera honesta y transparente.

Ejercer la profesión u oficio con sujeción a la ética.

Conservar el patrimonio cultural y natural del país, y cuidar y mantener los bienes públicos, tanto los de uso general, como aquellos que le hayan sido expresamente confiados.

Ama quilla, ama llulla, ama shua. No ser ocioso, no mentir, no robar.

Título IV. De la participación democrática

Capítulo 1. De las elecciones

Artículo 98. Los partidos políticos legalmente reconocidos podrán presentar o auspiciar candidatos para las dignidades de elección popular.

Podrán también presentarse como candidatos los ciudadanos no afiliados ni auspiciados por partidos políticos

Los ciudadanos elegidos para desempeñar funciones de elección popular podrán ser reelegidos indefinidamente.

El presidente y Vicepresidente de la República podrán ser reelegidos luego de transcurrido un período después de aquel para el cual fueron elegidos.

La Constitución y la ley señalarán los requisitos para intervenir como candidato en una elección popular.

Artículo 99. En las elecciones pluripersonales los ciudadanos podrán seleccionar los candidatos de su preferencia, de una lista o entre listas. La ley conciliará este principio con el de la representación proporcional de las minorías.

Artículo 100. Los dignatarios de elección popular en ejercicio, que se candidaticen para la reelección, gozarán de licencia sin sueldo desde la fecha de inscripción de su candidatura.

Si presentaren su candidatura a una dignidad distinta, deberán renunciar al cargo, previamente a su inscripción.

Artículo 101. No podrán ser candidatos a dignidad alguna de elección popular:

Quienes, dentro de juicio penal por delitos sancionados con reclusión, hayan sido condenados o llamados a la etapa plenaria, salvo que en este segundo caso se haya dictado sentencia absolutoria.

Los funcionarios públicos de libre nombramiento y remoción, y los de período fijo, a menos que hayan renunciado con anterioridad a la fecha de la inscripción de su candidatura.

Los demás servidores públicos podrán ser candidatos y gozarán de licencia sin sueldo desde la fecha de inscripción de sus candidaturas; y de ser elegidos, mientras ejerzan sus funciones.

Los docentes universitarios no requerirán de licencia para ser candidatos y ejercer la dignidad.

Los magistrados y jueces de la Función Judicial, a no ser que hayan renunciado a sus funciones seis meses antes de la fecha de inscripción de la respectiva candidatura.

Los que hayan ejercido autoridad ejecutiva en gobiernos de facto.

Los miembros de la fuerza pública en servicio activo.

Los que tengan contrato con el Estado, como personas naturales o como representantes o apoderados de personas jurídicas, nacionales o extranjeras, siempre que el contrato haya sido celebrado para la ejecución de obras públicas, prestación de servicios públicos o explotación de recursos naturales, mediante concesión, asociación o cualquier otra modalidad contractual.

Artículo 102. El Estado promoverá y garantizará la participación equitativa de mujeres y hombres como candidatos en los procesos de elección popular, en las instancias de dirección y decisión en el ámbito público, en la administración de justicia, en los organismos de control y en los partidos políticos.

Capítulo 2. De otras formas de participación democrática

Sección primera. De la consulta popular

Artículo 103. Se establece la consulta popular en los casos previstos por esta Constitución. La decisión adoptada será obligatoria si el pronunciamiento popular contare con el respaldo de la mayoría absoluta de votantes.

El voto en la consulta popular será obligatorio en los términos previstos en la Constitución y en la ley.

Artículo 104. El presidente de la República podrá convocar a consulta popular en los siguientes casos:

Para reformar la Constitución, según lo previsto en el **Artículo** 283.

Cuando, a su juicio, se trate de cuestiones de trascendental importancia para el país, distintas de las previstas en el número anterior.

Artículo 105. Los ciudadanos en goce de derechos políticos y que representen el 8 % del padrón electoral nacional, podrán solicitar al Tribunal Supremo Electoral que convoque a consulta popular en asuntos de trascendental importancia para el país, que no sean reformas constitucionales. La ley regulará el ejercicio de este derecho..

Artículo 106. Cuando existan circunstancias de carácter trascendental atinentes a su comunidad, que justifiquen el pronunciamiento popular, los organismos del régimen seccional, con el voto favorable de las tres cuartas partes de sus integrantes, podrán resolver que se convoque a consulta popular a los ciudadanos de la correspondiente circunscripción territorial.

Podrán, asimismo, solicitar que se convoque a consulta popular, los ciudadanos en goce de derechos políticos y que representen por lo menos el 20 % del número de empadronados en la correspondiente circunscripción.

Artículo 107. El Tribunal Provincial Electoral de la correspondiente circunscripción, una vez que haya comprobado el cumplimiento de los requisitos establecidos en estas normas y en la ley, procederá a hacer la correspondiente convocatoria.

Artículo 108. Los resultados de la consulta popular, luego de proclamados por el tribunal electoral correspondiente, se publicarán en el Registro Oficial dentro de los quince días subsiguientes.

En ningún caso las consultas convocadas por iniciativas popular se efectuarán sobre asuntos tributarios. Sección segunda De la revocatoria del mandato

Artículo 109. Los ciudadanos tendrán derecho a resolver la revocatoria del mandato otorgado a los alcaldes, prefectos y diputados de su elección, por actos de corrupción o incumplimiento injustificado de su plan de trabajo.

Cada uno de los candidatos a alcalde, prefecto o diputado, al inscribir su candidatura presentará su plan de trabajo ante el correspondiente tribunal electoral.

Artículo 110. La iniciativa para la revocatoria del mandato la ejercerá un número de ciudadanos en goce de los derechos políticos, que represente por lo menos el 30 % de los empadronados en la respectiva circunscripción territorial.

Una vez que el tribunal electoral verifique que la iniciativa cumple con los requisitos previstos en esta Constitución y en la ley, procederá a la convocatoria en los diez días inmediatamente posteriores a tal verificación. El acto electoral se realizará dentro de los treinta días subsiguientes a la convocatoria.

Artículo 111. Cuando se trate de actos de corrupción, la revocatoria podrá solicitarse en cualquier tiempo del período para el que fue elegido el dignatario. En los casos de incumplimiento del plan de trabajo, se podrá solicitar después de transcurrido el primero y antes del último año del ejercicio de sus funciones. En ambos casos, por una sola vez dentro del mismo período.

Artículo 112. En la consulta de revocatoria participarán obligatoriamente todos los ciudadanos que gocen de los derechos políticos. La decisión de revocatoria será obligatoria si existiere el pronunciamiento favorable de la mayoría absoluta de los sufragantes de la respectiva circunscripción territorial. Tendrá como efecto inmediato la cesación del funcionario, y la subrogación por quien le corresponda de acuerdo con la ley.

Artículo 113. En los casos de consulta popular y revocatoria del mandato, el Tribunal Provincial Electoral de la correspondiente circunscripción, una vez que haya comprobado el cumplimiento de los requisitos establecidos en estas normas y en la ley, procederá a la convocatoria.

Los gastos que demanden la realización de la consulta o la revocatoria del mandato, se imputarán al presupuesto del correspondiente organismo seccional.

Capítulo 3. De los partidos y movimientos políticos

Artículo 114. Se garantizará el derecho a fundar partidos políticos y participar en ellos en las condiciones establecidas en la Ley. Los partidos políticos gozarán de la protección del Estado para su organización y funcionamiento.

Artículo 115. Para que un partido político sea reconocido legalmente e intervenir en la vida pública del Estado, deberá sustentar principios doctrinarios que lo individualicen, presentar un programa de acción política en consonancia con el sistema democrático; estar organizado en el ámbito nacional y contar con el número de afiliados que exija la ley.

El partido o movimiento político que en dos elecciones pluripersonales nacionales sucesivas, no obtenga el porcentaje mínimo del 5 % de los votos válidos, quedará eliminado del registro electoral.

Artículo 116. La ley fijará los límites de los gastos electorales. Los partidos políticos, movimientos, organizaciones y candidatos independientes, rendirán cuentas ante el Tribunal Supremo Electoral sobre el monto, origen y destino de los recursos que utilicen en las campañas electorales.

La publicidad electoral a través de los medios de comunicación colectiva, solo podrá realizarse durante los cuarenta y cinco días inmediatamente anteriores a la fecha de cierre de la campaña electoral.

La ley sancionará el incumplimiento de estas disposiciones.

Capítulo 4. Del estatuto de la oposición

Artículo 117. Los partidos y movimientos políticos que no participen del gobierno, tendrán plenas garantías para ejercer, dentro de la Constitución y la ley, una oposición crítica, y proponer alternativas sobre políticas gubernamentales. La ley regulará este derecho.

Título V. De las instituciones del estado y la función pública

Capítulo 1. De las instituciones del Estado

Artículo 118. Son instituciones del Estado:

Los organismos y dependencias de las Funciones Legislativa, Ejecutiva y Judicial.

Los organismos electorales.

Los organismos de control y regulación.

Las entidades que integran el régimen seccional autónomo.

Los organismos y entidades creados por la Constitución o la ley para el ejercicio de la potestad estatal, para la prestación de servicios públicos o para desarrollar actividades económicas asumidas por el Estado.

Las personas jurídicas creadas por acto legislativo seccional para la prestación de servicios públicos.

Estos organismos y entidades integran el sector público.

Artículo 119. Las instituciones del Estado, sus organismos y dependencias y los funcionarios públicos no podrán ejercer otras atribuciones que las consignadas en la Constitución y en la ley, y tendrán el deber de coordinar sus acciones para la consecución del bien común.

Aquellas instituciones que la Constitución y la ley determinen, gozarán de autonomía para su organización y funcionamiento.

Capítulo 2. De la función pública

Artículo 120. No habrá dignatario, autoridad, funcionario ni servidor público exento de responsabilidades por los actos realizados en el ejercicio de sus funciones, o por sus omisiones.

El ejercicio de dignidades y funciones públicas constituye un servicio a la colectividad, que exigirá capacidad, honestidad y eficiencia.

Artículo 121. Las normas para establecer la responsabilidad administrativa, civil y penal por el manejo y administración de fondos, bienes o recursos públicos, se aplicarán a los dignatarios, funcionarios y servidores de los organismos e instituciones del Estado.

Los dignatarios elegidos por votación popular, los delegados o representantes a los cuerpos colegiados de las instituciones del Estado y los funcionarios y servidores públicos en general, estarán sujetos a las sanciones establecidas por comisión de delitos de peculado, cohecho, concusión y enriquecimiento ilícito. La acción para perseguirlos y las penas correspondientes serán imprescriptibles y, en estos casos, los juicios se iniciarán y continuarán aun en ausencia de los acusados. Estas normas también se aplicarán a quienes participen en estos delitos, aunque no tengan las calidades antes señaladas; ellos serán sancionados de acuerdo con su grado de responsabilidad.

Artículo 122. Los funcionarios de libre nombramiento y remoción, los designados para período fijo, los que manejan recursos o bienes públicos y los ciudadanos elegidos por votación popular, deberán presentar, al inicio de su gestión, una declaración patrimonial juramentada, que incluya activos y pasivos, y la autorización para que, de ser necesario, se levante el sigilo de sus cuentas bancarias. De no hacerlo, no podrán posesionarse de sus cargos. También harán una declaración patrimonial los miembros de la fuerza pública a su ingreso a la institución, previamente a la obtención de ascensos, y a su retiro.

Al terminar sus funciones presentarán también una declaración patrimonial juramentada, que incluya igualmente activos y pasivos. La Contraloría General del Estado examinará las dos declaraciones e investigará los casos en que se presuma enriquecimiento ilícito. La falta de presentación de la declaración al término de las funciones hará presumir enriquecimiento ilícito.

Cuando existan graves indicios de utilización de un testaferro, la Contraloría podrá solicitar declaraciones similares, a terceras personas vinculadas con quien ejerza o haya ejercido una función pública.

Artículo 123. No podrán ser funcionarios ni miembros de organismos directivos de entidades que ejerzan la potestad estatal de control y regulación, quienes tengan intereses o representen a terceros que los tuvieren en las áreas que vayan a ser controladas o reguladas.

El funcionario público deberá abstenerse de actuar en los casos en que sus intereses entren en conflicto con los del organismo o entidad a los que preste sus servicios.

Artículo 124. La administración pública se organizará y desarrollará de manera descentralizada y desconcentrada.

La ley garantizará los derechos y establecerá las obligaciones de los servidores públicos y regulará su ingreso, estabilidad, evaluación, ascenso y cesación. Tanto el ingreso como el ascenso dentro del servicio civil y la carrera administrativa, se harán mediante concursos de méritos y de oposición. Solo por excepción, los servidores públicos estarán sujetos a un régimen de libre nombramiento y remoción.

Las remuneraciones que perciban los servidores públicos serán proporcionales a sus funciones, eficiencia y responsabilidades.

En ningún caso la afiliación política de un ciudadano influirá para su ingreso, ascenso o separación de una función pública.

Artículo 125. Nadie desempeñará más de un cargo público. Sin embargo, los docentes universitarios podrán ejercer la cátedra si su horario lo permite.

Se prohíbe el nepotismo en la forma que determine la ley. La violación de este principio se sancionará penalmente.

Título VI. De la función legislativa

Capítulo 1. Del Congreso Nacional

Artículo 126. La Función Legislativa será ejercida por el Congreso Nacional, con sede en Quito. Excepcionalmente podrá reunirse en cualquier parte del territorio nacional. Estará integrado por diputados que serán elegidos por cada provincia en número de dos, y uno más por cada doscientos mil habitantes o fracción que pase de ciento cincuenta mil. El número de habitantes que servirá de base para la elección será el establecido por el último censo nacional de población, que deberá realizarse cada diez años.

Artículo 127. Para ser diputado se requerirá ser ecuatoriano por nacimiento, estar en goce de los derechos políticos, tener al menos veinticinco años al momento de la inscripción de su candidatura y ser oriundo de la provincia respectiva, o haber tenido su residencia en ella de modo ininterrumpido por los menos durante los tres años inmediatamente anteriores a la elección.

Los diputados desempeñarán sus funciones por el período de cuatro años.

Artículo 128. Los partidos o movimientos políticos que cuenten con un número de diputados que represente por lo menos el 10 % del Congreso Nacional, podrán formar un bloque legislativo. Los partidos que no lleguen a tal porcentaje, podrán unirse con otros para formarlo.

Artículo 129. El Congreso Nacional elegirá cada dos años un presidente y dos vicepresidentes. Para los primeros dos años, elegirá a su presidente de entre los diputados pertenecientes al partido o movimiento que tenga la mayor representación legislativa, y a su primer vicepresidente del partido o movimiento que tenga la segunda mayoría. El segundo vicepresidente será elegido de entre los diputados que pertenezcan a los partidos o movimientos minoritarios. Desempeñarán tales funciones durante dos años.

Para los siguientes dos años, el presidente y el primer vicepresidente se elegirán de entre los partidos o movimientos que hayan obtenido la segunda y la primera mayoría, respectivamente.

Los vicepresidentes reemplazarán, en su orden, al presidente, en caso de ausencia temporal o definitiva, y el Congreso Nacional llenará las vacantes cuando sea del caso.

Artículo 130. El Congreso Nacional tendrá los siguientes deberes y atribuciones:

Posesionar al presidente y Vicepresidente de la República proclamados electos por el Tribunal Supremo Electoral. Conocer sus renuncias; destituirlos, previo enjuiciamiento político; establecer su incapacidad física o mental o abandono del cargo, y declararlos cesantes.

Elegir presidente de la República en el caso del **Artículo 168**, inciso segundo, y Vicepresidente, de la terna propuesta por el presidente de la República, en caso de falta definitiva.

Conocer el informe anual que debe presentar el presidente de la República y pronunciarse al respecto.

Reformar la Constitución e interpretarla de manera generalmente obligatoria.

Expedir, reformar y derogar las leyes e interpretarlas con carácter generalmente obligatorio.

Establecer, modificar o suprimir, mediante ley, impuestos, tasas u otros ingresos públicos, excepto las tasas y contribuciones especiales que corresponda crear a los organismos del régimen seccional autónomo.

Aprobar o improbar los tratados internacionales, en los casos que corresponda.

Fiscalizar los actos de la Función Ejecutiva y los del Tribunal Supremo Electoral y solicitar a los funcionarios públicos las informaciones que considere necesarias.

Proceder al enjuiciamiento político, a solicitud de al menos una cuarta parte de los integrantes del Congreso Nacional, del presidente y Vicepresidente de la República, de los ministros de Estado, del Contralor General y Procurador del Estado, del Defensor del Pueblo, del Ministro Fiscal General; de los superintendentes, de los vocales del Tribunal Constitucional y del Tribunal Supremo Electoral, durante el ejercicio de sus funciones y hasta un año después de terminadas.

El presidente y Vicepresidente de la República solo podrán ser enjuiciados políticamente por la comisión de delitos contra la seguridad del Estado o por delitos de concusión, cohecho, peculado y enriquecimiento ilícito, y su censura y destitución solo podrá resolverse con el voto conforme de las dos terceras partes de los integrantes del Congreso. No será necesario enjuiciamiento penal para iniciar este proceso.

Los demás funcionarios referidos en este número podrán ser enjuiciados políticamente por infracciones constitucionales o legales, cometidas en el desempeño del cargo. El Congreso podrá censurarlos en el caso de declaratoria de culpabilidad, por mayoría de sus integrantes.

La censura producirá la inmediata destitución del funcionario, salvo en el caso de los ministros de estado, cuya permanencia en el cargo corresponderá decidir al presidente de la República.

Si de la censura se derivaren indicios de responsabilidad penal del funcionario, se dispondrá que el asunto pase a conocimiento del juez competente.

Autorizar, con la votación de las dos terceras partes de sus integrantes, el enjuiciamiento penal del presidente y Vicepresidente de la República cuando el juez competente lo solicite fundadamente.

Nombrar al Procurador General del Estado, al Ministro Fiscal General, al Defensor del Pueblo, a los superintendentes; a los vocales del Tribunal Constitucional y Tribunal Supremo Electoral y a los miembros del directorio del Banco Central; conocer sus excusas o renuncias, y designar a sus reemplazos.

En los casos en que los nombramientos procedan de ternas, éstas deberán ser presentadas dentro de los veinte días subsiguientes a la vacancia del cargo. De no recibirse tales ternas en este plazo, el Congreso procederá a los nombramientos, sin ellas.

El Congreso Nacional efectuará las designaciones dentro del plazo de treinta días contados a partir de la fecha de recepción de cada terna. De no hacerlo, se entenderá designada la persona que conste en el primer lugar de dicha terna.

Elegir por mayoría de las dos terceras partes de sus integrantes la terna para la designación del Contralor General del Estado. Se procederá de la misma manera para reemplazarlo, en caso de falta definitiva.

Aprobar el presupuesto general del Estado y vigilar su ejecución.

Fijar el límite del endeudamiento público, de acuerdo con la ley.

Conceder amnistías generales por delitos políticos, e indultos por delitos comunes, con el voto favorable de las dos terceras partes de sus integrantes. En ambos casos, la decisión se justificará cuando medien motivos humanitarios. No se concederá el indulto por delitos cometidos contra la administración pública y por los delitos mencionados en el inciso tercero del número 2 del **Artículo** 23.

Conformar las comisiones especializadas permanentes.

Las demás que consten en la Constitución y en las leyes.

Capítulo 2. De la organización y funcionamiento

Artículo 131. Para el cumplimiento de sus labores, el Congreso Nacional se regirá por la Constitución, la Ley Orgánica de la Función Legislativa, el Reglamento Interno y el Código de Ética.

Artículo 132. El Congreso Nacional se instalará en Quito, sin necesidad de convocatoria, el 5 de enero del año en que se posesione el presidente de la República, y sesionará en forma ordinaria y permanente, con dos recesos al año, de un mes cada uno. Las sesiones del Congreso serán públicas. Excepcionalmente, podrá constituirse en sesión reservada, con sujeción a la ley.

Artículo 133. Durante los períodos de receso, el presidente del Congreso o el presidente de la República podrán convocar a períodos extraordinarios de sesiones del Congreso Nacional para conocer exclusivamente los asuntos específicos señalados en la convocatoria. El presidente del Congreso Nacional también convocará a tales períodos extraordinarios de sesiones, a petición de las dos terceras partes de sus integrantes.

Artículo 134. Para el cumplimiento de sus atribuciones, el Congreso Nacional integrará comisiones especializadas permanentes, en las que participarán todos sus miembros. La Ley Orgánica de la Función Legislativa determinará el número, conformación y competencias de cada una de ellas. Se prohíbe la creación de comisiones ocasionales.

Capítulo 3. De los diputados

Artículo 135. Los diputados actuarán con sentido nacional y serán responsables políticamente ante la sociedad, del cumplimiento de los deberes propios de su investidura.

La dignidad de diputado implicará el ejercicio de una función pública. Los diputados, mientras actúen como tales, no podrán desempeñar ninguna otra función pública o privada, ni dedicarse a sus actividades profesionales si fueren incompatibles con la diputación. Podrán desempeñar la docencia universitaria si su horario lo permite.

Prohíbese a los diputados ofrecer, tramitar, recibir o administrar recursos del Presupuesto General del Estado, salvo los destinados al funcionamiento administrativo del Congreso Nacional. Igualmente les estará prohibido gestionar nombramientos de cargos públicos. No podrán percibir dietas u otros ingresos de fondos públicos que no sean los de diputado, ni integrar directorios de otros cuerpos colegiados de instituciones o empresas en las que tenga participación el Estado.

Los diputados que, luego de haber sido elegidos, acepten nombramientos, delegaciones, comisiones o representaciones remuneradas de la Función Ejecutiva, perderán su calidad de tales.

Artículo 136. Los diputados que incurran en violaciones al Código de Ética serán sancionados con el voto de la mayoría de los integrantes del Congreso. La sanción podrá ocasionar la pérdida de la calidad de diputado.

Artículo 137. Los diputados no serán civil ni penalmente responsables por los votos y opiniones que emitan en el ejercicio de sus funciones.

No podrán iniciarse causas penales en su contra sin previa autorización del Congreso Nacional, ni serán privados de su libertad, salvo en el caso de delitos flagrantes. Si la solicitud en que el juez competente hubiera pedido autorización para el enjuiciamiento no fuere contestada en el plazo de treinta días, se la entenderá concedida. Durante los recesos se suspenderá el decurso del plazo mencionado.

Las causas penales que se hayan iniciado con anterioridad a la posesión del cargo, continuarán tramitándose ante el juez competente.

Capítulo 4. De la Comisión de Legislación y Codificación

Artículo 138. Habrá una Comisión de Legislación y Codificación, conformada por siete vocales designados por la mayoría de los integrantes del Congreso Nacional, de fuera de su seno, que trabajará en forma permanente.

Los vocales integrantes de esta Comisión permanecerán seis años en sus funciones y podrán ser reelegidos. Se renovarán parcialmente cada tres años y deberán tener sus respectivos suplentes elegidos de la misma manera. No podrán desempeñar ninguna otra función pública, privada o profesional, que les impida ejercer el cargo o que sea incompatible con las actividades para las que fueron designados, a excepción de la docencia universitaria.

Los vocales deberán cumplir los mismos requisitos que se exigen para la designación de magistrados de la Corte Suprema de Justicia.

Artículo 139. Serán atribuciones de la Comisión de Legislación y Codificación:

Preparar proyectos de ley, de conformidad con el trámite previsto en la Constitución.

Codificar leyes y disponer su publicación.

Recopilar y ordenar sistemáticamente la legislación ecuatoriana.

Capítulo 5. De las leyes

Sección primera. De las clases de leyes

Artículo 140. El Congreso Nacional, de conformidad con las disposiciones de esta sección, aprobará como leyes las normas generalmente obligatorias de interés común.

Las atribuciones del Congreso que no requieran de la expedición de una ley, se ejercerán a través de acuerdos o resoluciones.

Artículo 141. Se requerirá de la expedición de una ley para las materias siguientes:

Normar el ejercicio de libertades y derechos fundamentales, garantizados en la Constitución.

Tipificar infracciones y establecer las sanciones correspondientes.

Crear, modificar o suprimir tributos, sin perjuicio de las atribuciones que la Constitución confiere a los organismos del régimen seccional autónomo.

Atribuir deberes o cargas a los organismos del régimen seccional autónomo.

Modificar la división político-administrativa del país, excepto en lo relativo a parroquias.

Otorgar a los organismos públicos de control y regulación, la facultad de expedir normas de carácter general, en las materias propias de su competencia, sin que estas puedan alterar o innovar las disposiciones legales.

Reformar o derogar leyes e interpretarlas con carácter generalmente obligatorio.

Los casos en que la Constitución determine.

Artículo 142. Las leyes serán orgánicas y ordinarias.

Serán leyes orgánicas:

Las que regulen la organización y actividades de las Funciones Legislativa, Ejecutiva y Judicial; las del régimen seccional autónomo y las de los organismos del Estado, establecidos en la Constitución.

Las relativas al régimen de partidos, al ejercicio de los derechos políticos y al sistema electoral.

Las que regulen las garantías de los derechos fundamentales y los procedimientos para su protección.

Las que la Constitución determine que se expidan con este carácter.

Las demás serán leyes ordinarias.

Artículo 143. Las leyes orgánicas serán aprobadas, reformadas, derogadas o interpretadas por mayoría absoluta de los integrantes del Congreso Nacional.

Una ley ordinaria no podrá modificar una ley orgánica ni prevalecer sobre ella, ni siquiera a TÍTULO de ley especial.

Sección segunda. De la iniciativa

Artículo 144. La iniciativa para la presentación de un proyecto de ley corresponderá:

A los diputados, con el apoyo de un bloque legislativo o de diez legisladores.

Al presidente de la República.

A la Corte Suprema de Justicia.

A la Comisión de Legislación y Codificación.

Artículo 145. El Tribunal Constitucional, el Tribunal Supremo Electoral, el Contralor General del Estado, el Procurador General del Estado, el Ministro Fiscal General, el Defensor del Pueblo y los superintendentes, tendrán facultad para presentar proyectos de ley en las materias que correspondan a sus atribuciones específicas.

Artículo 146. Podrán presentar proyectos de ley, un número de personas en goce de los derechos políticos, equivalente a la cuarta parte del 1 % de aquellas inscritas en el padrón electoral.

Se reconocerá el derecho de los movimientos sociales de carácter nacional, a ejercer la iniciativa de presentar proyectos de ley. La ley regulará el ejercicio de este derecho.

Mediante estos procedimientos no podrán presentarse proyectos de ley en materia penal ni en otras cuya iniciativa corresponda exclusivamente al presidente de la República.

Artículo 147. Solamente el presidente de la República podrá presentar proyectos de ley mediante los cuales se creen, modifiquen o supriman impuestos, aumenten el gasto público o modifiquen la división político-administrativa del país.

Artículo 148. Los proyectos de ley deberán referirse a una sola materia y será presentado al presidente del Congreso con la correspondiente exposición de motivos. Si el proyecto no reuniere estos requisitos no será tramitado.

Artículo 149. Quienes presenten un proyecto de ley de conformidad con estas disposiciones, podrán participar en su debate, personalmente o por medio de un delegado que para el caso acrediten.

Cuando el proyecto sea presentado por la ciudadanía, se señalarán los nombres de dos personas para participar en los debates.

Sección tercera. Del trámite ordinario

Artículo 150. Dentro de los ocho días subsiguientes al de la recepción del proyecto, el presidente del Congreso ordenará que se lo distribuya a los diputados y se difunda públicamente su extracto. Enviará el proyecto a la comisión especializada que corresponda, la cual iniciará el trámite requerido para su conocimiento, luego de transcurrido el plazo de veinte días contados a partir de su recepción.

Ante la comisión podrán acudir con sus puntos de vista, las organizaciones y los ciudadanos que tengan interés en la aprobación de la ley, o que consideren que sus derechos pueden ser afectados por su expedición.

Artículo 151. Con el informe de la comisión, el Congreso realizará el primer debate sobre el proyecto, en el curso del cual podrán presentarse las observaciones pertinentes. Luego volverá a la comisión para que ésta presente un nuevo informe para el segundo debate, dentro del plazo establecido por la ley.

Artículo 152. En el segundo debate, el proyecto será aprobado, modificado o negado por el voto de la mayoría de los concurrentes a la sesión, salvo en el caso de las leyes orgánicas.

Artículo 153. Aprobado el proyecto, el Congreso lo enviará inmediatamente al presidente de la República para que lo sancione u objete.

Sancionada la ley o no habiendo objeciones, dentro de los diez días subsiguientes a aquel en que el presidente de la República la recibió, se promulgará de inmediato en el Registro Oficial.

Si el presidente de la República objetare totalmente el proyecto, el Congreso podrá volver a considerarlo solamente después de un año, contado a partir de la fecha de la objeción. Transcurrido este plazo, el Congreso podrá ratificarlo en un solo debate, con el voto de las dos terceras partes de sus miembros, y lo enviará inmediatamente al Registro Oficial para su promulgación.

Si la objeción fuere parcial, el Congreso deberá examinarla en un plazo máximo de treinta días contados a partir de la fecha de entrega de la objeción presidencial y podrá, en un solo debate, allanarse a ella y enmendar el proyecto, con el voto favorable de la mayoría de asistentes a la sesión. Podrá también ratificar el proyecto inicialmente aprobado, con el voto de las dos terceras partes de sus miembros. En ambos casos, el Congreso enviará la ley al Registro Oficial para su promulgación. Si el Congreso no considerare la objeción en el plazo señalado, se entenderá que se ha allanado a ésta y el presidente de la República dispondrá la promulgación de la ley en el Registro Oficial.

Toda objeción será fundamentada y en el caso de objeción parcial, el presidente de la República presentará un texto alternativo.

En los casos señalados en esta disposición y en el **Artículo 152**, el número de asistentes a la sesión no podrá ser menor de la mitad de los integrantes del Congreso.

Artículo 154. Si la objeción del presidente de la República se fundamentare en la inconstitucionalidad total o parcial del proyecto, éste será enviado al Tribunal Constitucional para que emita su dictamen dentro del plazo de treinta días. Si el dictamen confirmare la inconstitucionalidad total del proyecto, éste será archivado. Si confirmare la inconstitucionalidad parcial, el Congreso Nacional deberá realizar las enmiendas necesarias para que el proyecto pase luego a la sanción del presidente de la República.

Si el Tribunal Constitucional dictaminare que no hay inconstitucionalidad, el Congreso ordenará su promulgación.

Sección cuarta. De los proyectos de urgencia económica

Artículo 155. El presidente de la República podrá enviar al Congreso Nacional proyectos de ley calificados de urgencia en materia económica. En este caso, el Congreso deberá aprobarlos, modificarlos o negarlos, dentro de un plazo máximo de treinta días, contados a partir de su recepción.

El trámite para la presentación, discusión y aprobación de estos proyectos será el ordinario, excepto en cuanto a los plazos anteriormente establecidos.

Mientras se discute un proyecto calificado de urgente, el presidente de la República no podrá enviar otro, salvo que se haya decretado el estado de emergencia.

Artículo 156. Si el Congreso no aprobare, modificare o negare el proyecto en el plazo señalado en el artículo anterior, el presidente de la República lo promulgará como decreto-ley en el Registro Oficial. El Congreso Nacional podrá, en cualquier tiempo, modificarlo o derogarlo, siguiendo el trámite ordinario previsto en la Constitución.

Sección quinta. Del trámite en la Comisión

Artículo 157. El Congreso Nacional podrá delegar a la Comisión de Legislación y Codificación, la elaboración de proyectos de leyes o el estudio y conocimiento de proyectos que le hubieren sido presentados para su consideración, de acuerdo con las normas relativas a la iniciativa de las leyes, los que serán tramitados de conformidad con lo establecido en esta sección.

La Comisión no podrá tratar proyectos de leyes tributarias, ni los calificados de urgencia en materia económica.

Artículo 158. Los proyectos que por delegación elabore la Comisión, con la correspondiente exposición de motivos, serán remitidos al Congreso Nacional, el que resolverá por votación de la mayoría de sus integrantes, si el proyecto se someterá al trámite ordinario o al especial establecido en esta sección.

Si el Congreso resolviere que el proyecto siga el trámite especial, los diputados, dentro del plazo de treinta días contados desde la fecha en que fue puesto a su conocimiento, formularán observaciones por escrito y con ellas el presidente del Congreso lo devolverá a la Comisión a fin de que examine las observaciones formuladas. La Comisión remitirá al presidente del Congreso el proyecto definitivo junto con un informe, en el que dará cuenta de las modificaciones introducidas y de las razones que tuvo para no acoger las demás observaciones.

El Congreso conocerá el informe de la Comisión y podrá:

Aprobar o negar en su totalidad el proyecto de ley.

Conocer y resolver sobre aquellas observaciones que no hayan sido acogidas por la Comisión.

Conocer, aprobar o improbar, uno por uno, los artículos del proyecto enviado por la Comisión.

En estos casos, el Congreso adoptará la resolución en un solo debate y por votación de la mayoría de sus integrantes. Aprobado el proyecto, se lo remitirá al presidente de la República para su sanción u objeción.

El mismo trámite especial se seguirá cuando la Comisión presente sus informes sobre proyectos que le hayan sido remitidos por el Congreso para su estudio y conocimiento.

Artículo 159. La Comisión de Legislación y Codificación podrá, por propia iniciativa, preparar proyectos de ley que serán enviados al presidente del Congreso para que sean tramitados ordinariamente, salvo que el Congreso resuelva, por mayoría de sus integrantes, que se los tramite en la forma especial establecida en este sección.

Artículo 160. Los proyectos de codificación preparados por la Comisión, serán enviados al Congreso Nacional para que los diputados puedan formular observaciones. Si no lo hicieren en el plazo de treinta días o si se solucionaren las presentadas, la Comisión remitirá el proyecto al Registro Oficial para su publicación; si no se solucionaren, el Congreso Nacional resolverá lo pertinente sobre las observaciones materia de la controversia.

Capítulo 6. De los tratados y convenios internacionales

Artículo 161. El Congreso Nacional aprobará o improbará los siguientes tratados y convenios internacionales:

Los que se refieran a materia territorial o de límites.

Los que establezcan alianzas políticas o militares.

Los que comprometan al país en acuerdos de integración.

Los que atribuyan a un organismo internacional o supranacional el ejercicio de competencias derivadas de la Constitución o la ley.

Los que se refieran a los derechos y deberes fundamentales de las personas y a los derechos colectivos.

Los que contengan el compromiso de expedir, modificar o derogar alguna ley.

Artículo 162. La aprobación de los tratados y convenios, se hará en un solo debate y con el voto conforme de la mayoría de los miembros del Congreso.

Previamente, se solicitará el dictamen del Tribunal Constitucional respecto a la conformidad del tratado o convenio con la Constitución.

La aprobación de un tratado o convenio que exija una reforma constitucional, no podrá hacerse sin que antes se haya expedido dicha reforma.

Artículo 163. Las normas contenidas en los tratados y convenios internacionales, una vez promulgados en el Registro Oficial, formarán parte del ordenamiento jurídico de la República y prevalecerán sobre leyes y otras normas de menor jerarquía.

Título VII. De la función ejecutiva

Capítulo 1. Del presidente de la República

Artículo 164. El presidente de la República ejercerá la Función Ejecutiva, será jefe del Estado y del gobierno, y responsable de la administración pública. Su período de gobierno, que durará cuatro años, se iniciará el 15 de enero del año siguiente al de su elección.

Artículo 165. Para ser presidente de la República se requerirá ser ecuatoriano por nacimiento, estar en goce de los derechos políticos y tener por lo menos treinta y cinco años de edad, a la fecha de inscripción de su candidatura.

El presidente y el Vicepresidente de la República, cuyos nombres constarán en la misma papeleta, serán elegidos por mayoría absoluta de votos, en forma universal, igual, directa y secreta.

Si en la primera votación ningún binomio hubiere logrado mayoría absoluta, se realizará una segunda vuelta electoral dentro de los siguientes cuarenta y cinco días, y en ella participarán los candidatos que hayan obtenido el primero y segundo lugares, en las elecciones de la primera vuelta.

No será necesaria la segunda votación, si el binomio que obtuvo el primer lugar, alcanzare más del 40 % de los votos válidos y una diferencia mayor de diez puntos porcentuales sobre la votación lograda por el ubicado en segundo lugar.

Los diez puntos porcentuales serán calculados sobre la totalidad de los votos válidos.

Artículo 166. No podrán ser candidatos a la presidencia de la República:

El cónyuge, padres, hijos o hermanos del presidente de la República en ejercicio.

El Vicepresidente de la República y los ministros de Estado, a menos que renuncien con anterioridad a la fecha de inscripción de su candidatura.

Quienes se encuentren incursos en las prohibiciones constantes en el **Artículo 101,**

Artículo 167. El presidente de la República cesará en sus funciones y dejará vacante el cargo en los casos siguientes:

Por terminación del período para el cual fue elegido.

Por muerte.

Por renuncia aceptada por el Congreso Nacional.

Por incapacidad física o mental que le impida ejercer el cargo, legalmente comprobada y declarada por el Congreso Nacional.

Por destitución, previo enjuiciamiento político.

Por abandono del cargo, declarado por el Congreso Nacional.

Artículo 168. En caso de falta definitiva del presidente de la República, le subrogará el Vicepresidente por el tiempo que falte para completar el correspondiente período constitucional.

Si faltaren simultánea y definitivamente el presidente y el Vicepresidente de la República, el presidente del Congreso Nacional asumirá temporalmente la Presidencia y convocará al Congreso Nacional para que, dentro del plazo de diez días, elija al presidente de la República que permanecerá en sus funciones hasta completar el respectivo período presidencial.

Artículo 169. En caso de falta temporal del presidente de la República, lo reemplazarán, en su orden, el Vicepresidente de la República o el ministro de Estado que designe el presidente de la República.

Serán causas de falta temporal del presidente de la República, la enfermedad u otra circunstancia que le impida transitoriamente ejercer su función, o la licencia concedida por el Congreso Nacional.

No se considerará falta temporal la ausencia del país por asuntos inherentes al ejercicio de sus funciones, sin perjuicio de lo cual, el presidente podrá delegar determinadas atribuciones al Vicepresidente de la República.

Artículo 170. El presidente de la República, durante su mandato y hasta un año después de haber cesado en sus funciones, deberá comunicar al Congreso Nacional, con antelación, su decisión de ausentarse del país.

Artículo 171. Serán atribuciones y deberes del presidente de la República los siguientes:

Cumplir y hacer cumplir la Constitución, las leyes, los tratados y los convenios internacionales y demás normas jurídicas dentro del ámbito de su competencia.

Presentar, en el momento de su posesión, su plan de gobierno con los lineamientos fundamentales de las políticas y acciones que desarrollará durante su ejercicio.

Establecer las políticas generales del Estado, aprobar los correspondientes planes de desarrollo y velar por su cumplimiento.

Participar en el proceso de formación y promulgación de las leyes, en la forma prevista en esta Constitución.

Expedir los reglamentos necesarios para la aplicación de las leyes, sin contravenirlas ni alterarlas, así como los que convengan a la buena marcha de la administración.

Convocar a consultas populares de acuerdo con lo preceptuado en la Constitución.

Presentar al Congreso Nacional, el 15 de enero de cada año, el informe sobre la ejecución del plan de gobierno, los indicadores de desarrollo humano, la situación general de la República, los objetivos que el gobierno se proponga alcanzar durante el año siguiente, las acciones que llevará a cabo para lograrlo, y el balance de su gestión. Al fin del período presidencial, cuando corresponda posesionar al nuevo presidente, presentará el informe dentro de los días comprendidos entre el 6 y el 14 de enero.

Convocar al Congreso Nacional a períodos extraordinarios de sesiones. En la convocatoria se determinarán los asuntos específicos que se conocerán durante tales períodos.

Dirigir la administración pública y expedir las normas necesarias para regular la integración, organización y procedimientos de la Función Ejecutiva.

Nombrar y remover libremente a los ministros de Estado, a los jefes de las misiones diplomáticas y demás funcionarios que le corresponda, de conformidad con la Constitución y la ley.

Designar al Contralor General del Estado de la terna propuesta por el Congreso Nacional; conocer su excusa o renuncia y designar su reemplazo en la forma prevista en la Constitución.

Definir la política exterior, dirigir las relaciones internacionales, celebrar y ratificar los tratados y convenios internacionales, previa aprobación del Congreso Nacional, cuando la Constitución lo exija.

Velar por el mantenimiento de la soberanía nacional y por la defensa de la integridad e independencia del Estado.

Ejercer la máxima autoridad de la fuerza pública, designar a los integrantes del alto mando militar y policial, otorgar los ascensos jerárquicos a los oficiales generales y aprobar los reglamentos orgánicos de la fuerza pública, de acuerdo con la ley.

Asumir la dirección política de la guerra.

Mantener el orden interno y la seguridad pública.

Enviar la proforma del Presupuesto General del Estado al Congreso Nacional, para su aprobación.

Decidir y autorizar la contratación de empréstitos, de acuerdo con la Constitución y la ley.

Fijar la política de población del país.

Indultar, rebajar o conmutar las penas, de conformidad con la ley.

Conceder en forma exclusiva pensiones y montepíos especiales, de conformidad con la ley.

Ejercer las demás atribuciones que le confieren la Constitución y las leyes.

Capítulo 2. Del Vicepresidente de la República

Artículo 172. Para ser elegido Vicepresidente, deberán cumplirse los mismos requisitos que para presidente de la República. Desempeñará esta función durante cuatro años.

Artículo 173. El Vicepresidente, cuando no reemplace al presidente de la República, ejercerá las funciones que éste le asigne.

Artículo 174. En caso de falta definitiva del Vicepresidente, el Congreso Nacional elegirá su reemplazo, con el voto conforme de la mayoría de sus integrantes, de una terna que presentará el presidente de la República. El Vicepresidente elegido desempeñará esta función por el tiempo que falte para completar el período de gobierno. Cuando la falta sea temporal, no será necesaria la subrogación.

Artículo 175. Las prohibiciones establecidas en el **Artículo** 166 para el presidente de la República, regirán también para el Vicepresidente, en cuanto sean aplicables;

Capítulo 3. De los ministros de Estado

Artículo 176. Los ministros de Estado serán de libre nombramiento y remoción del presidente de la República y lo representarán en los asuntos propios del ministerio a su cargo. Serán responsables por los actos y contratos que realicen en el ejercicio de esa representación.

El número de ministerios, su denominación y las materias de su competencia, serán determinados por el presidente de la República.

Artículo 177. Los ministros de Estado serán ecuatorianos mayores de treinta años y deberán estar en goce de los derechos políticos.

Artículo 178. No podrán ser ministros:

El cónyuge, padres, hijos o hermanos del presidente o Vice-presidente de la República.

Las personas que hayan sido sentenciadas por delitos sancionados con reclusión, o llamados dentro de un juicio penal a la etapa plenaria, salvo que en este segundo caso, hayan recibido sentencia absolutoria.

Los que tengan contrato con el Estado, como personas naturales o como representantes o apoderados de personas jurídicas nacionales o extranjeras, siempre que el contrato haya sido celebrado para la ejecución de obras públicas, prestación de servicios públicos o explotación de recursos naturales, mediante concesión, asociación o cualquier otra modalidad contractual.

Los miembros de la fuerza pública en servicio activo.

Artículo 179. A los ministros de Estado les corresponderá:

Dirigir la política del ministerio a su cargo.

Firmar con el presidente de la República los decretos expedidos en las materias concernientes a su ministerio.

Informar al Congreso Nacional, anualmente y cuando sean requeridos, sobre los asuntos a su cargo.

Asistir a las sesiones del Congreso Nacional y participar en los debates, con voz pero sin voto, en asuntos de interés de su ministerio.

Comparecer ante el Congreso Nacional cuando sean sometidos a enjuiciamiento político.

Expedir las normas, acuerdos y resoluciones que requiera la gestión ministerial.

Ejercer las demás atribuciones que establezcan las leyes y otras normas jurídicas.

Capítulo 4. Del estado de emergencia

Artículo 180. El presidente de la República decretará el estado de emergencia, en todo el territorio nacional o en una parte de él, en caso de inminente agresión externa, guerra internacional, grave conmoción interna o catástrofes naturales. El estado de emergencia podrá afectar a todas las actividades de la sociedad o algunas de ellas.

Artículo 181. Declarado el estado de emergencia, el presidente de la República podrá asumir las siguientes atribuciones o algunas de ellas:

Decretar la recaudación anticipada de impuestos y más contribuciones.

Invertir para la defensa del Estado o para enfrentar la catástrofe, los fondos públicos destinados a otros fines, excepto los correspondientes a salud y educación.

Trasladar la sede del gobierno a cualquier lugar del territorio nacional.

Establecer como zona de seguridad todo el territorio nacional, o parte de él, con sujeción a la ley.

Disponer censura previa en los medios de comunicación social.

Suspender o limitar alguno o algunos de los derechos establecidos en los números 9, 12, 13, 14 y 19 del **Artículo 23**, y en el número 9 del **Artículo 24** de la Constitución; pero en ningún caso podrá disponer la expatriación, ni el confinamiento de una persona fuera de las capitales de provincia o en una región distinta de aquella en que viva.

Disponer el empleo de la fuerza pública a través de los organismos correspondientes, y llamar a servicio activo a toda la reserva o a una parte de ella.

Disponer la movilización, la desmovilización y las requisiciones que sean necesarias, de acuerdo con la ley.

Disponer el cierre o la habilitación de puertos.

Artículo 182. El presidente de la República notificará la declaración del estado de emergencia al Congreso Nacional, dentro de las cuarenta y ocho horas siguientes a la publicación del decreto correspondiente. Si las circunstancias lo justificaren, el Congreso Nacional podrá revocar el decreto en cualquier tiempo.

El decreto de estado de emergencia tendrá vigencia hasta por un plazo máximo de sesenta días. Si las causas que lo motivaron persistieren, podrá ser renovado, lo que será notificado al Congreso Nacional.

Cuando las causas que motivaron el estado de emergencia hayan desaparecido, el presidente de la República decretará su terminación y, con el informe respectivo, notificará inmediatamente al Congreso Nacional.

Capítulo 5. De la fuerza pública

Artículo 183. La fuerza pública estará constituida por las Fuerzas Armadas y la Policía Nacional. Su misión, organización, preparación, empleo y control serán regulados por la ley.

Las Fuerzas Armadas tendrán como misión fundamental la conservación de la soberanía nacional, la defensa de la integridad e independencia del Estado y la garantía de su ordenamiento jurídico.

Además de las Fuerzas Armadas permanentes, se organizarán fuerzas de reserva, según las necesidades de la seguridad nacional.

La Policía Nacional tendrá como misión fundamental garantizar la seguridad y el orden públicos. Constituirá fuerza auxiliar de las Fuerzas Armadas para la defensa de la soberanía nacional. Estará bajo la supervisión, evaluación y control del Consejo Nacional de Policía, cuya organización y funciones se regularán en la ley.

La ley determinará la colaboración que la fuerza pública, sin menoscabo del ejercicio de sus funciones específicas, prestará para el desarrollo social y económico del país.

Artículo 184. La fuerza pública se debe al Estado. El presidente de la República será su máxima autoridad y podrá delegarla en caso de emergencia nacional, de acuerdo con la ley.

El mando militar y el policial se ejercerán de acuerdo con la ley.

Artículo 185. La fuerza pública será obediente y no deliberante. Sus autoridades serán responsables por las órdenes que impartan, pero la obediencia de órdenes superiores no eximirá a quienes las ejecuten de responsabilidad por la violación de los derechos garantizados por la Constitución y la ley.

Artículo 186. Los miembros de la fuerza pública tendrán las mismas obligaciones y derechos que todos los ecuatorianos, salvo las excepciones que establecen la Constitución y la ley.

Se garantizan la estabilidad y profesionalidad de los miembros de la fuerza pública. No se los podrá privar de sus grados, honores ni pensiones sino por las causas y en la forma previstas por la ley.

Artículo 187. Los miembros de la fuerza pública estarán sujetos a fuero especial para el juzgamiento de las infracciones cometidas en el ejercicio de sus labores profesionales. En caso de infracciones comunes, estarán sujetos a la justicia ordinaria.

Artículo 188. El servicio militar será obligatorio. El ciudadano será asignado a un servicio civil a la comunidad, si invocare una objeción de conciencia fundada en razones morales, religiosas o filosóficas, en la forma que determine la ley

Artículo 189. El Consejo de Seguridad Nacional, cuya organización y funciones se regularan en la ley, será el organismo superior responsable de la defensa nacional, con la cual, los ecuatorianos y los extranjeros residentes estarán obligados a cooperar.

Artículo 190. Las Fuerzas Armadas podrán participar en actividades económicas relacionadas con la defensa nacional.

Título VIII. De la función judicial

Capítulo 1. De los principios generales

Artículo 191. El ejercicio de la potestad judicial corresponderá a los órganos de la Función Judicial. Se establecerá la unidad jurisdiccional.

De acuerdo con la ley habrá jueces de paz, encargados de resolver en equidad conflictos individuales, comunitarios o vecinales.

Se reconocerán el arbitraje, la mediación y otros procedimientos alternativos para la resolución de conflictos, con sujeción a la ley.

Las autoridades de los pueblos indígenas ejercerán funciones de justicia, aplicando normas y procedimientos propios para la solución de conflictos internos de conformidad con sus costumbres o derecho consuetudinario, siempre que no sean contrarios a la Constitución y las leyes. La ley hará compatibles aquellas funciones con las del sistema judicial nacional.

Artículo 192. El sistema procesal será un medio para la realización de la justicia. Hará efectivas las garantías del debido proceso y velará por el cumplimiento de los principios de inmediación, celeridad y eficiencia en la administración de justicia. No se sacrificará la justicia por la sola omisión de formalidades.

Artículo 193. Las leyes procesales procurarán la simplificación, uniformidad, eficacia y agilidad de los trámites. El retardo en la administración de justicia, imputable al juez o magistrado, será sancionado por la ley.

Artículo 194. La sustanciación de los procesos, que incluye la presentación y contradicción de las pruebas, se llevará a cabo mediante el sistema oral, de acuerdo con los principios: dispositivo, de concentración e inmediación.

Artículo 195. Salvo los casos expresamente señalados por la ley, los juicios serán públicos, pero los tribunales podrán deliberar reservadamente. No se admitirá la transmisión de las diligencias judiciales por los medios de comunicación, ni su grabación por personas ajenas a las partes y a sus defensores.

Artículo 196. Los actos administrativos generados por cualquier autoridad de las otras funciones e instituciones del Estado, podrán ser impugnados ante los correspondientes órganos de la Función Judicial, en la forma que determina la ley.

Artículo 197. La Corte Suprema de Justicia en pleno, expedirá la norma dirimente que tendrá carácter obligatorio, mientras la ley no determine lo contrario, en caso de fallos contradictorios sobre un mismo punto de derecho, dictados por las Salas de Casación, los Tribunales Distritales o las Cortes Superiores. Capítulo 2 De la organización y funcionamiento

Artículo 198. Serán órganos de la Función Judicial:

La Corte Suprema de Justicia.

Las cortes, tribunales y juzgados que establezcan la Constitución y la ley.

El Consejo Nacional de la Judicatura.

La ley determinará su estructura, jurisdicción y competencia.

Artículo 199. Los órganos de la Función Judicial serán independientes en el ejercicio de sus deberes y atribuciones. Ninguna función del Estado podrá interferir en los asuntos propios de aquellos.

Los magistrados y jueces serán independientes en el ejercicio de su potestad jurisdiccional aun frente a los demás órganos de la Función Judicial; solo estarán sometidos a la Constitución y a la ley.

Artículo 200. La Corte Suprema de Justicia tendrá jurisdicción en todo el territorio nacional y su sede en Quito. Actuará como corte de casación, a través de salas especializadas, y ejercerá, además, todas las atribuciones que le señalen la Constitución y las leyes.

Artículo 201. Para ser magistrado de la Corte Suprema de Justicia, se requerirá:

Ser ecuatoriano por nacimiento.

Hallarse en goce de los derechos políticos.

Ser mayor de cuarenta y cinco años.

Tener TÍTULO de doctor en jurisprudencia, derecho o ciencias jurídicas.

Haber ejercido con probidad notoria la profesión de abogado, la judicatura o la docencia universitaria en ciencias jurídicas, por un lapso mínimo de quince años.

Los demás requisitos de idoneidad que fije la ley.

Artículo 202. Los magistrados de la Corte Suprema de Justicia no estarán sujetos a período fijo en relación con la duración de sus cargos. Cesarán en sus funciones por las causales determinadas en la Constitución y la ley.

Producida una vacante, el pleno de la Corte Suprema de Justicia designará al nuevo magistrado, con el voto favorable de las dos terceras partes de sus integrantes, observando los criterios de profesionalidad y de carrera judicial, de conformidad con la ley.

En la designación se escogerá, alternadamente, a profesionales que hayan ejercido la judicatura, la docencia universitaria o permanecido en el libre ejercicio profesional, en este orden.

Artículo 203. El presidente de la Corte Suprema de Justicia informará anualmente por escrito al Congreso Nacional sobre sus labores y programas.

Artículo 204. Se reconoce y se garantiza la carrera judicial, cuyas regulaciones determinará la ley.

Con excepción de los magistrados de la Corte Suprema de Justicia, los magistrados, jueces, funcionarios y empleados de la Función Judicial, serán nombrados previo concurso de merecimientos y oposición, según corresponda, de acuerdo con lo establecido en la ley.

Artículo 205. Se prohíbe a los magistrados y jueces ejercer la abogacía o desempeñar otro cargo público o privado, con excepción de la docencia universitaria. No podrán ejercer funciones en los partidos políticos, ni intervenir en contiendas electorales.

Capítulo 3. Del Consejo Nacional de la Judicatura

Artículo 206. El Consejo Nacional de la Judicatura será el órgano de gobierno, administrativo y disciplinario de la Función Judicial. La ley determinará su integración, la forma de designación de sus miembros, su estructura y funciones.

El manejo administrativo, económico y financiero de la Función Judicial, se hará en forma desconcentrada.

Artículo 207. En los casos penales, laborales, de alimentos y de menores, la administración de justicia será gratuita.

En las demás causas, el Consejo Nacional de la Judicatura fijará el monto de las tasas por servicios judiciales. Estos fondos constituirán ingresos propios de la Función Judicial.

Su recaudación y administración se hará en forma descentralizada.

La persona que litigue temerariamente pagará a quien haya ganado el juicio las tasas que éste haya satisfecho, sin que en este caso se admita exención alguna.

Capítulo 4. Del régimen penitenciario

Artículo 208. El sistema penal y el internamiento tendrán como finalidad la educación del sentenciado y su capacitación para el trabajo, a fin de obtener su rehabilitación que le permita una adecuada reincorporación social.

Los centros de detención contarán con los recursos materiales y las instalaciones adecuadas para atender la salud física y psíquica de los internos. Estarán administrados por instituciones estatales o privadas sin fines de lucro, supervigiladas por el Estado.

Los procesados o indiciados en juicio penal que se hallen privados de su libertad, permanecerán en centros de detención provisional.

Únicamente las personas declaradas culpables y sancionadas con penas de privación de la libertad, mediante sentencia condenatoria ejecutoriada, permanecerán internas en los centros de rehabilitación social.

Ninguna persona condenada por delitos comunes cumplirá la pena fuera de los centros de rehabilitación social del Estado.

Título IX. De la organización electoral

Artículo 209. El Tribunal Supremo Electoral, con sede en Quito y jurisdicción en el territorio nacional, es persona jurídica de derecho público. Gozará de autonomía administrativa y económica, para su organización y el cumplimiento de sus funciones de organizar, dirigir, vigilar y garantizar los procesos electorales, y juzgar las cuentas que rindan los partidos, movimientos políticos, organizaciones y candidatos, sobre el monto, origen y destino de los recursos que utilicen en las campañas electorales.

Su organización, deberes y atribuciones se determinarán en la ley.

Se integrará con siete vocales principales, quienes tendrán sus respectivos suplentes, en representación de los partidos políticos, movimientos o alianzas políticas que hayan obtenido las más altas votaciones en las últimas elecciones pluripersonales, en el ámbito nacional, los que presentarán al Congreso Nacional las ternas de las que se elegirán los vocales principales y suplentes.

Los vocales serán designados por la mayoría de los integrantes del Congreso, permanecerán cuatro años en sus funciones y podrán ser reelegidos.

El Tribunal Supremo Electoral dispondrá que la fuerza pública colabore para garantizar la libertad y pureza del sufragio.

Artículo 210. El Tribunal Supremo Electoral organizará, supervisará y dirigirá los procesos electorales para elegir representantes a organismos deliberantes de competencia internacional, cuando así esté establecido en convenios o tratados internacionales vigentes en el Ecuador.

Título X. De los organismos de control

Capítulo 1. De la Contraloría General del Estado

Artículo 211. La Contraloría General del Estado es el organismo técnico superior de control, con autonomía administrativa, presupuestaria y financiera, dirigido y representado por el Contralor General del Estado, quien desempeñará sus funciones durante cuatro años.

Tendrá atribuciones para controlar ingresos, gastos, inversión, utilización de recursos, administración y custodia de bienes públicos. Realizará auditorías de gestión a las entidades y organismos del sector público y sus servidores, y se pronunciará sobre la legalidad, transparencia y eficiencia de los resultados institucionales. Su acción se extenderá a las entidades de derecho privado, exclusivamente respecto de los bienes, rentas u otras subvenciones de carácter público de que dispongan.

La Contraloría dictará regulaciones de carácter general para el cumplimiento de sus funciones. Dará obligatoriamente asesoría, cuando se le solicite, en las materias de su competencia.

Artículo 212. La Contraloría General del Estado tendrá potestad exclusiva para determinar responsabilidades administrativas y civiles culposas e indicios de responsabilidad penal, y hará el seguimiento permanente y oportuno para asegurar el cumplimiento de sus disposiciones y controles.

Los funcionarios que, en ejercicio indebido de las facultades de control, causen daños y perjuicios al interés público o a terceros, serán civil y penalmente responsables.

Artículo 213. Para ser Contralor General del Estado se requerirá:

Ser ecuatoriano por nacimiento.

Hallarse en ejercicio de los derechos políticos.

Tener TÍTULO profesional universitario.

Haber ejercido con probidad notoria la profesión o la cátedra universitaria por un lapso mínimo de quince años.

Cumplir los demás requisitos de idoneidad que fije la ley.

Capítulo 2. De la Procuraduría General del Estado

Artículo 214. La Procuraduría General del Estado es un organismo autónomo, dirigido y representado por el Procurador General del Estado, designado para un período de cuatro años por el Congreso Nacional, de una terna enviada por el presidente de la República.

Artículo 215. El Procurador General será el representante judicial del Estado y podrá delegar dicha representación, de acuerdo con la ley. Deberá reunir los requisitos exigidos para ser ministro de la Corte Suprema de Justicia.

Artículo 216. Corresponderá al Procurador General el patrocinio del Estado, el asesoramiento legal y las demás funciones que determine la ley.

Capítulo 3. Del Ministerio Público

Artículo 217. El Ministerio Público es uno, indivisible e independiente en sus relaciones con las ramas del poder público y lo integrarán los funcionarios que determine la ley. Tendrá autonomía administrativa y económica. El Ministro Fiscal General del Estado ejercerá su representación legal.

Artículo 218. El Ministro Fiscal será elegido por el Congreso Nacional por mayoría de sus integrantes, de una terna presentada por el Consejo Nacional de la Judicatura. Deberá reunir los mismos requisitos exigidos para ser magistrado de la Corte Suprema de Justicia. Desempeñará sus funciones durante seis años y no podrá ser reelegido.

Artículo 219. El Ministerio Público prevendrá en el conocimiento de las causas, dirigirá y promoverá la investigación preprocesal y procesal penal. De hallar fundamento, acusará a los presuntos infractores ante los jueces y tribunales competentes, e impulsará la acusación en la sustanciación del juicio penal.

Para el cumplimiento de sus funciones, el Ministro Fiscal General organizará y dirigirá un cuerpo policial especializado y un departamento médico legal.

Vigilará el funcionamiento y aplicación del régimen penitenciario y la rehabilitación social del delincuente.

Velará por la protección de las víctimas, testigos y otros participantes en el juicio penal.

Coordinará y dirigirá la lucha contra la corrupción, con la colaboración de todas las entidades que, dentro de sus competencias, tengan igual deber.

Coadyuvará en el patrocinio público para mantener el imperio de la Constitución y de la ley.

Tendrá las demás atribuciones, ejercerá las facultades y cumplirá con los deberes que determine la ley.

Capítulo 4. De la Comisión de Control Cívico de la Corrupción

Artículo 220. La Comisión de Control Cívico de la Corrupción es una persona jurídica de derecho público, con sede en la ciudad de Quito, con autonomía e independencia económica, política y administrativa. En representación de la ciudadanía promoverá la eliminación de la corrupción; receptará denuncias sobre hechos presuntamente ilícitos cometidos en las instituciones del Estado, para investigarlos y solicitar su juzgamiento y sanción. Podrá promover su organización en provincias y cantones.

La ley determinará su integración, administración y funciones, las instituciones de la sociedad civil que harán las designaciones y la duración del período de sus integrantes que tendrán fuero de Corte Suprema.

Artículo 221. Cuando la Comisión haya finalizado sus investigaciones y encontrado indicios de responsabilidad, pondrá sus conclusiones en conocimiento del Ministerio Público y de la Contraloría General del Estado.

No interferirá en las atribuciones de la función judicial, pero ésta deberá tramitar sus pedidos. Podrá requerir de cualquier organismo o funcionario de las instituciones del Estado, la información que considere necesaria para llevar adelante sus investigaciones. Los funcionarios que se nieguen a suministrarla, serán sancionados de conformidad con la ley. Las personas que colaboren para esclarecer los hechos, gozarán de protección legal.

Capítulo 5. De las superintendencias

Artículo 222. Las superintendencias serán organismos técnicos con autonomía administrativa, económica y financiera y personería jurídica de derecho público, encargados de controlar instituciones públicas y privadas, a fin de que las actividades económicas y los servicios que presten, se sujeten a la ley y atiendan al interés general.

La ley determinará las áreas de actividad que requieran de control y vigilancia, y el ámbito de acción de cada superintendencia.

Artículo 223. Las superintendencias serán dirigidas y representadas por superintendentes elegidos por el Congreso Nacional con el voto de la mayoría de sus integrantes de ternas enviadas por el presidente de la República. Desempeñarán sus funciones durante cuatro años y podrán ser reelegidos.

Para ser designado superintendente se necesitará tener al menos treinta y cinco años de edad, TÍTULO universitario en profesiones relacionadas con la función que desempeñarán y experiencia de por lo menos diez años en el ejercicio de su profesión, avalada por notoria probidad.

Título XI. De la organización territorial y descentralización

Capítulo 1. Del régimen administrativo y seccional

Artículo 224. El territorio del Ecuador es indivisible. Para la administración del Estado y la representación política existirán provincias, cantones y parroquias. Habrá circunscripciones territoriales indígenas y afroecuatorianas que serán establecidas por la ley.

Artículo 225. El Estado impulsará mediante la descentralización y la desconcentración, el desarrollo armónico del país, el fortalecimiento de la participación ciudadana y de las entidades seccionales, la distribución de los ingresos públicos y de la riqueza.

El gobierno central transferirá progresivamente funciones, atribuciones, competencias, responsabilidades y recursos a las entidades seccionales autónomas o a otras de carácter regional. Desconcentrará su gestión delegando atribuciones a los funcionarios del régimen seccional dependiente.

Artículo 226. Las competencias del gobierno central podrán descentralizarse, excepto la defensa y la seguridad nacionales, la dirección de la política exterior y las relaciones internacionales, la política económica y tributaria del Estado, la gestión de endeudamiento externo y aquellas que la Constitución y convenios internacionales expresamente excluyan.

En virtud de la descentralización, no podrá haber transferencia de competencias sin transferencia de recursos equivalentes, ni transferencia de recursos, sin la de competencias.

La descentralización será obligatoria cuando una entidad seccional la solicite y tenga capacidad operativa para asumirla.

Capítulo 2. Del régimen seccional dependiente

Artículo 227. En las provincias habrá un Gobernador, representante del presidente de la República, que coordinará y controlará las políticas del gobierno nacional y dirigirá las actividades de funcionarios y representantes de la Función Ejecutiva en cada provincia.

Capítulo 3. De los gobiernos seccionales autónomos

Artículo 228. Los gobiernos seccionales autónomos serán ejercidos por los consejos provinciales, los concejos municipales, las juntas parroquiales y los organismos que determine la ley para la administración de las circunscripciones territoriales indígenas y afroecuatorianas.

Los gobiernos provincial y cantonal gozarán de plena autonomía y, en uso de su facultad legislativa podrán dictar ordenanzas, crear, modificar y suprimir tasas y contribuciones especiales de mejoras.

Artículo 229. Las provincias, cantones y parroquias se podrán asociar para su desarrollo económico y social y para el manejo de los recursos naturales.

Artículo 230. Sin perjuicio de lo prescrito en esta Constitución, la ley determinará la estructura, integración, deberes y atribuciones de los consejos provinciales y concejos municipales, y cuidará la aplicación eficaz de los principios de autonomía, descentralización administrativa y participación ciudadana.

Artículo 231. Los gobiernos seccionales autónomos generarán sus propios recursos financieros y participarán de las rentas del Estado, de conformidad con los principios de solidaridad y equidad.

Los recursos que correspondan al régimen seccional autónomo dentro del Presupuesto General del Estado, se asignarán y distribuirán de conformidad con la ley. La asignación y distribución se regirán por los siguientes criterios: número de habitantes, necesidades básicas insatisfechas, capacidad contributiva, logros en el mejoramiento de los niveles de vida y eficiencia administrativa.

La entrega de recursos a los organismos del régimen seccional autónomo deberá ser predecible, directa, oportuna y automática. Estará bajo la responsabilidad del ministro del ramo, y se hará efectiva mediante la transferencia de las cuentas del tesoro nacional a las cuentas de las entidades correspondientes.

La proforma anual del presupuesto general del Estado determinará obligatoriamente el incremento de las rentas de estos organismos, en la misma proporción que su incremento global.

Artículo 232. Los recursos para el funcionamiento de los organismos del gobierno seccional autónomo estarán conformados por:

Las rentas generadas por ordenanzas propias.

Las transferencias y participaciones que les corresponden. Estas asignaciones a los organismos del régimen seccional autónomo no podrán ser inferiores al 15 % de los ingresos corrientes totales del presupuesto del gobierno central.

Los recursos que perciben y los que les asigne la ley.

Los recursos que reciban en virtud de la transferencia de competencias.

Se prohíbe toda asignación discrecional, salvo casos de catástrofe.

Artículo 233. En cada provincia habrá un consejo provincial con sede en su capital. Se conformará con un número de consejeros fijados por la ley, en relación directa con su población; y, desempeñarán sus funciones durante cuatro años. La mitad más uno de los consejeros serán elegidos por votación popular, y los restantes designados de conformidad con la ley por los concejos municipales de la provincia y serán de cantones diferentes a los que pertenezcan los consejeros designados por votación popular.

El prefecto provincial será el máximo personero del consejo provincial, que lo presidirá con voto dirimente. Será elegido por votación popular y desempeñará sus funciones durante cuatro años. Sus atribuciones y deberes constarán en la ley.

El Consejo Provincial representará a la provincia y, además de las atribuciones previstas en la ley, promoverá y ejecutará obras de alcance provincial en vialidad, medio ambiente, riego y manejo de las cuencas y microcuencas hidrográficas de su jurisdicción. Ejecutará obras exclusivamente en áreas rurales.

Artículo 234. Cada cantón constituirá un municipio. Su gobierno estará a cargo del concejo municipal, cuyos miembros serán elegidos por votación popular. Los deberes y atribuciones del concejo municipal y el número de sus integrantes estarán determinados en la ley.

El alcalde será el máximo personero del concejo municipal, que lo presidirá con voto dirimente. Será elegido por votación popular y desempeñará sus funciones durante cuatro años. Sus atribuciones y deberes constarán en la ley.

El concejo municipal, además de las competencias que le asigne la ley, podrá planificar, organizar y regular el tránsito y transporte terrestre, en forma directa, por concesión, autorización u otras formas de contratación administrativa, de acuerdo con las necesidades de la comunidad.

Artículo 235. En cada parroquia rural habrá una junta parroquial de elección popular. Su integración y atribuciones se determinarán en la ley. Su presidente será el principal personero y tendrá las responsabilidades y competencias que señale la ley.

Artículo 236. La ley establecerá las competencias de los órganos del régimen seccional autónomo, para evitar superposición y duplicidad de atribuciones, y regulará el procedimiento para resolver los conflictos de competencias.

Artículo 237. La ley establecerá las formas de control social y de rendición de cuentas de las entidades del régimen seccional autónomo.

Capítulo 4. De los regímenes especiales

Artículo 238. Existirán regímenes especiales de administración territorial por consideraciones demográficas y ambientales. Para la protección de las áreas sujetas a régimen especial, podrán limitarse dentro de ellas los derechos de migración interna, trabajo o cualquier otra actividad que pueda afectar al medio ambiente. La ley normará cada régimen especial.

Los residentes del área respectiva, afectados por la limitación de los derechos constitucionales, serán compensados mediante el acceso preferente al beneficio de los recursos naturales disponibles y a la conformación de asociaciones que aseguren el patrimonio y bienestar familiar. En lo demás, cada sector se regirá de acuerdo con lo que establecen la Constitución y la ley.

La ley podrá crear distritos metropolitanos y regular cualquier tipo de organización especial.

Se dará preferencia a las obras y servicios en las zonas de menor desarrollo relativo, especialmente en las provincias limítrofes.

Artículo 239. La provincia de Galápagos tendrá un régimen especial.

El Instituto Nacional Galápagos o el que haga sus veces, realizará la planificación provincial, aprobará los presupuestos de las entidades del régimen seccional dependiente y autónomo y controlará su ejecución. Lo dirigirá un consejo integrado por el gobernador, quien lo presidirá; los alcaldes, el prefecto provincial, representantes de las áreas científicas y técnicas, y otras personas e instituciones que establezca la ley.

La planificación provincial realizada por el Instituto Nacional Galápagos, que contará con asistencia técnica y científica y con la participación de las entidades del régimen seccional dependiente y autónomo, será única y obligatoria.

Artículo 240. En las provincias de la región amazónica, el Estado pondrá especial atención para su desarrollo sustentable y preservación ecológica, a fin de mantener la biodiversidad. Se adoptarán políticas que compensen su menor desarrollo y consoliden la soberanía nacional.

Artículo 241. La organización, competencias y facultades de los órganos de administración de las circunscripciones territoriales indígenas y afroecuatorianas, serán reguladas por la ley.

Título XII. Del sistema económico

Capítulo 1. Principios generales

Artículo 242. La organización y el funcionamiento de la economía responderán a los principios de eficiencia, solidaridad, sustentabilidad y calidad, a fin de asegurar a los habitantes una existencia digna e iguales derechos y oportunidades para acceder al trabajo, a los bienes y servicios: y a la propiedad de los medios de producción.

Artículo 243. Serán objetivos permanentes de la economía:

El desarrollo socialmente equitativo, regionalmente equilibrado, ambientalmente sustentable y democráticamente participativo.

La conservación de los equilibrios macroeconómicos, y un crecimiento suficiente y sostenido.

El incremento y la diversificación de la producción orientados a la oferta de bienes y servicios de calidad que satisfagan las necesidades del mercado interno.

La eliminación de la indigencia, la superación de la pobreza, la reducción del desempleo y subempleo; el mejoramiento de la calidad de vida de los habitantes, y la distribución equitativa de la riqueza.

La participación competitiva y diversificada de la producción ecuatoriana en el mercado internacional.

Artículo 244. Dentro del sistema de economía social de mercado al Estado le corresponderá:

Garantizar el desarrollo de las actividades económicas, mediante un orden jurídico e instituciones que las promuevan, fomenten y generen confianza. Las actividades empresariales pública y privada recibirán el mismo tratamiento legal. Se garantizarán la inversión nacional y extranjera en iguales condiciones.

Formular, en forma descentralizada y participativa, planes y programas obligatorios para la inversión pública y referenciales para la privada.

Promover el desarrollo de actividades y mercados competitivos. Impulsar la libre competencia y sancionar, conforme a la ley, las prácticas monopólicas y otras que la impidan y distorsionen.

Vigilar que las actividades económicas cumplan con la ley y Regularlas y controlarlas en defensa del bien común. Se prohíbe el anatocismo en el sistema crediticio.

Crear infraestructura física, científica y tecnológica; y dotar de los servicios básicos para el desarrollo.

Emprender actividades económicas cuando lo requiera el interés general.

Explotar racionalmente los bienes de su dominio exclusivo, de manera directa o con la participación del sector privado.

Proteger los derechos de los consumidores, sancionar la información fraudulenta, la publicidad engañosa, la adulteración de los productos, la alteración de pesos y medidas, y el incumplimiento de las normas de calidad.

Mantener una política fiscal disciplinada; fomentar el ahorro y la inversión; incrementar y diversificar las exportaciones y cuidar que el endeudamiento público sea compatible con la capacidad de pago del país.

Incentivar el pleno empleo y el mejoramiento de los salarios reales, teniendo en cuenta el aumento de la productividad, y otorgar subsidios específicos a quienes los necesiten.

Artículo 245. La economía ecuatoriana se organizará y desenvolverá con la coexistencia y concurrencia de los sectores público y privado. Las empresas económicas, en cuanto a sus formas de propiedad y gestión, podrán ser privadas, públicas, mixtas y comunitarias o de autogestión. El Estado las reconocerá, garantizará y regulará.

Artículo 246. El Estado promoverá el desarrollo de empresas comunitarias o de autogestión, como cooperativas, talleres artesanales, juntas administradoras de agua potable y otras similares, cuya propiedad y gestión pertenezcan a la comunidad o a las personas que trabajan permanentemente en ellas, usan sus servicios o consumen sus productos.

Artículo 247. Son de propiedad inalienable e imprescriptible del Estado los recursos naturales no renovables y, en general, los productos del subsuelo, los minerales y sustancias cuya naturaleza sea distinta de la del suelo, incluso los que se encuentran en las áreas cubiertas por las aguas del mar territorial.

Estos bienes serán explotados en función de los intereses nacionales. Su exploración y explotación racional podrán ser llevadas a cabo por empresas públicas, mixtas o privadas, de acuerdo con la ley.

Será facultad exclusiva del Estado la concesión del uso de frecuencias electromagnéticas para la difusión de señales de radio, televisión y otros medios. Se garantizará la igualdad de condiciones en la concesión de dichas frecuencias. Se prohibe la transferencia de las concesiones y cualquier forma de acaparamiento directo o indirecto por el Estado o por particulares, de los medios de expresión y comunicación social.

Las aguas son bienes nacionales de uso público; su dominio será inalienable e imprescriptible; su uso y aprovechamiento corresponderá al Estado o a quienes obtengan estos derechos, de acuerdo con la ley.

Artículo 248. El Estado tiene derecho soberano sobre la diversidad biológica, reservas naturales, áreas protegidas y parques nacionales. Su conservación y utilización sostenible se hará con participación de las poblaciones involucradas cuando fuere del caso y de la iniciativa privada, según los programas, planes y políticas que los consideren como factores de desarrollo y calidad de vida y de conformidad con los convenios y tratados internacionales.

Artículo 249. Será responsabilidad del Estado la provisión de servicios públicos de agua potable y de riego, saneamiento, fuerza eléctrica, telecomunicaciones, vialidad, facilidades portuarias y otros de naturaleza similar. Podrá prestarlos directamente o por delegación a empresas mixtas o privadas, mediante concesión, asociación, capitalización, traspaso de la propiedad accionaria o cualquier otra forma contractual, de acuerdo con la ley. Las condiciones contractuales acordadas no podrán modificarse unilateralmente por leyes u otras disposiciones.

El Estado garantizará que los servicios públicos, prestados bajo su control y regulación, respondan a principios de eficiencia, responsabilidad, universalidad, accesibilidad, continuidad y calidad; y velará para que sus precios o tarifas sean equitativos.

Artículo 250. El Fondo de Solidaridad será un organismo autónomo destinado a combatir la pobreza y a eliminar la indigencia. Su capital se empleará en inversiones seguras y rentables y no podrá gastarse ni servir para la adquisición de Títulos emitidos por el gobierno central u organismos públicos. Solo sus utilidades se emplearán para financiar, en forma exclusiva, programas de educación, salud y saneamiento ambiental, y para atender los efectos sociales causados por desastres naturales.

El capital del Fondo de Solidaridad provendrá de los recursos económicos generados por la transferencia del patrimonio de empresas y servicios públicos, excepto los que provengan de la transferencia de bienes y acciones de la Corporación Financiera Nacional, Banco de Fomento y organismos del régimen seccional autónomo, y se administrará de acuerdo con la ley.

Artículo 251. Los gobiernos seccionales autónomos, en cuyas circunscripciones territoriales se exploten e industrialicen recursos naturales no renovables, tendrán derecho a participar de las rentas que perciba el Estado. La ley regulará esta participación.

Artículo 252. El Estado garantizará la libertad de transporte terrestre, aéreo, marítimo y fluvial dentro del territorio nacional o a través de él. La ley regulará el ejercicio de este derecho, sin privilegios de ninguna naturaleza.

El Estado ejercerá la regulación del transporte terrestre, aéreo y acuático y de las actividades aeroportuarias y portuarias, mediante entidades autónomas, con la participación de las correspondientes entidades de la fuerza pública.

Artículo 253. El Estado reconocerá las transacciones comerciales por trueque y similares.

Procurará mejores condiciones de participación del sector informal de bajos recursos, en el sistema económico nacional, a través de políticas específicas de crédito, información, capacitación, comercialización y seguridad social.

Podrán constituirse puertos libres y zonas francas, de acuerdo con la estructura que establezca la ley.

Capítulo 2. De la planificación económica y social

Artículo 254. El sistema nacional de planificación establecerá los objetivos nacionales permanentes en materia económica y social, fijará metas de desarrollo a corto, mediano y largo plazo, que deberán alcanzarse en forma descentralizada, y orientará la inversión con carácter obligatorio para el sector público y referencial para el sector privado.

Se tendrán en cuenta las diversidades de edad, étnico-culturales, locales y regionales y se incorporará el enfoque de género.

Artículo 255. El sistema nacional de planificación estará a cargo de un organismo técnico dependiente de la Presidencia de la República, con la participación de los gobiernos seccionales autónomos y de las organizaciones sociales que determine la ley.

En los organismos del régimen seccional autónomo podrán establecerse departamentos de planificación responsables de los planes de desarrollo provincial o cantonal, en coordinación con el sistema nacional.

Capítulo 3. Del régimen tributario

Artículo 256. El régimen tributario se regulará por los principios básicos de igualdad, proporcionalidad y generalidad. Los tributos, además de ser medios para la obtención de recursos presupuestarios, servirán como instrumento de política económica general.

Las leyes tributarias estimularán la inversión, la reinversión, el ahorro y su empleo para el desarrollo nacional. Procurarán una justa distribución de las rentas y de la riqueza entre todos los habitantes del país.

Artículo 257. Solo por acto legislativo de órgano competente se podrán establecer, modificar o extinguir tributos. No se dictarán leyes tributarias con efecto retroactivo en perjuicio de los contribuyentes.

Las tasas y contribuciones especiales se crearán y regularán de acuerdo con la ley.

El presidente de la República podrá fijar o modificar las tarifas arancelarias de aduana.

Capítulo 4. Del presupuesto

Artículo 258. La formulación de la proforma del Presupuesto General del Estado corresponderá a la Función Ejecutiva, que la elaborará de acuerdo con su plan de desarrollo y presentará al Congreso Nacional hasta el 1 de septiembre de cada año. El Banco Central presentará un informe al Congreso Nacional sobre dicha proforma.

El Congreso en pleno conocerá la proforma y la aprobará o reformará hasta el 30 de noviembre, en un solo debate, por sectores de ingresos y gastos. Si hasta esa fecha no se aprobare, entrará en vigencia la proforma elaborada por el Ejecutivo.

En el año en que se posesione el presidente de la República, la proforma deberá ser presentada hasta el 31 de enero y aprobada hasta el 28 de febrero. Entre tanto, regirá el presupuesto del año anterior.

El Congreso no podrá incrementar el monto estimado de ingresos y egresos previstos en la proforma. Durante la ejecución presupuestaria, el Ejecutivo deberá contar con la aprobación previa del Congreso para incrementar gastos más allá del porcentaje determinado por la ley.

Artículo 259. El presupuesto general del Estado contendrá todos los ingresos y egresos del sector público no financiero, excepto los de los organismos del régimen seccional autónomo y de las empresas públicas.

El Congreso Nacional conocerá también los presupuestos de las empresas públicas estatales.

No se podrá financiar gastos corrientes mediante endeudamiento público.

Ningún organismo público será privado del presupuesto necesario para cumplir con los fines y objetivos para los que fue creado.

El ejecutivo informará semestralmente al Congreso Nacional sobre la ejecución del presupuesto y su liquidación anual.

Solo para fines de la defensa nacional se destinarán fondos de uso reservado.

Artículo 260. La formulación y ejecución de la política fiscal será de responsabilidad de la Función Ejecutiva. El presidente de la República determinará los mecanismos y procedimientos para la administración de las finanzas públicas, sin perjuicio del control de los organismos pertinentes.

Capítulo 5. Del Banco Central

Artículo 261. El Banco Central del Ecuador, persona jurídica de derecho público con autonomía técnica y administrativa, tendrá como funciones establecer, controlar y aplicar las políticas monetaria, financiera, crediticia y cambiaria del Estado y, como objetivo, velar por la estabilidad de la moneda.

Artículo 262. El directorio del Banco Central se integrará con cinco miembros propuestos por el presidente de la República y designados por mayoría de los integrantes del Congreso Nacional. Ejercerán sus funciones por un período de seis años, con renovación parcial cada tres años. El Congreso Nacional deberá efectuar las designaciones dentro de diez días contados a partir de la fecha en que reciba la nómina de los candidatos. Si no lo hiciere en este lapso, se entenderán designados quienes fueron propuestos por el presidente de la República. Si el Congreso rechazare algunos de los nombres o la nómina entera, el presidente de la República deberá proponer nuevos candidatos. Los miembros del directorio elegirán de su seno al presidente, quien desempeñará sus funciones durante tres años; podrá ser reelegido y tendrá voto calificado en las decisiones del organismo. El ministro que tenga a su cargo las finanzas públicas y el superintendente responsable del control del sistema financiero, podrán asistir a las sesiones del directorio con voz, pero sin voto.

Los miembros del directorio del Banco Central no podrán realizar otras actividades laborales, a excepción de la docencia universitaria. Durante su gestión y hasta seis meses después de la separación de su cargo, no tendrán vinculación laboral o societaria con instituciones públicas o privadas del sistema financiero.

La remoción de los miembros del directorio será propuesta por el presidente de la República de acuerdo con la ley, y resuelta por las dos terceras partes de los integrantes del Congreso Nacional.

Artículo 263. El directorio del Banco Central expedirá regulaciones con fuerza generalmente obligatoria, que se publicarán en el Registro Oficial; presentará informes semestrales al presidente de la República y al Congreso Nacional, e informará acerca del límite del endeudamiento público, que deberá fijar el Congreso Nacional.

Artículo 264. La emisión de moneda con poder liberatorio ilimitado será atribución exclusiva del Banco Central. La unidad monetaria es el Sucre, cuya relación de cambio con otras monedas será fijada por el Banco Central.

Artículo 265. El Banco Central no concederá créditos a las instituciones del Estado ni adquirirá bonos u otros instrumentos financieros emitidos por ellas, salvo que se haya declarado estado de emergencia por conflicto bélico o desastre natural.

No podrá otorgar garantías ni créditos a instituciones del sistema financiero privado, salvo los de corto plazo que hayan sido calificados como indispensables para superar situaciones temporales de iliquidez.

Capítulo 6. Del régimen agropecuario

Artículo 266. Será objetivo permanente de las políticas del Estado el desarrollo prioritario, integral y sostenido de las actividades agrícola, pecuaria, acuícola, pesquera y agroindustrial, que provean productos de calidad para el mercado interno y externo, la dotación de infraestructura, la tecnificación y recuperación de suelos, la investigación científica y la transferencia de tecnología.

El Estado estimulará los proyectos de forestación, reforestación, sobre todo con especies endémicas, de conformidad con la ley. Las áreas reservadas a estos proyectos serán inafectables.

Las asociaciones nacionales de productores, en representación de los agricultores del ramo, los campesinos y profesionales del sector agropecuario, participarán con el Estado en la definición de las políticas sectoriales y de interés social.

Artículo 267. El Estado garantizará la propiedad de la tierra en producción y estimulará a la empresa agrícola. El sector público deberá crear y mantener la infraestructura necesaria para el fomento de la producción agropecuaria.

Tomará las medidas necesarias para erradicar la pobreza rural, garantizando a través de medidas redistributivas, el acceso de los pobres a los recursos productivos.

Proscribirá el acaparamiento de la tierra y el latifundio. Se estimulará la producción comunitaria y cooperativa, mediante la integración de unidades de producción.

Regulará la colonización dirigida y espontánea, con el propósito de mejorar la condición de vida del campesino y fortalecer las fronteras vivas del país, precautelando los recursos naturales y el medio ambiente.

Artículo 268. Se concederá crédito al sector agropecuario en condiciones preferentes. El Estado propenderá a la creación de un seguro agropecuario, forestal y pesquero.

Artículo 269. La pequeña propiedad agraria, así como la microempresa agropecuaria, gozarán de especial protección del Estado, de conformidad con la ley.

Artículo 270. El Estado dará prioridad a la investigación en materia agropecuaria, cuya actividad reconoce como base fundamental para la nutrición y seguridad alimentaria de la población y para el desarrollo de la competitividad internacional del país.

Capítulo 7. De la inversión

Artículo 271. El Estado garantizará los capitales nacionales y extranjeros que se inviertan en la producción, destinada especialmente al consumo interno y a la exportación.

La ley podrá conceder tratamientos especiales a la inversión pública y privada en las zonas menos desarrolladas o en actividades de interés nacional.

El Estado, en contratos celebrados con inversionistas, podrá establecer garantías y seguridades especiales, a fin de que los convenios no sean modificados por leyes u otras disposiciones de cualquier clase que afecten sus cláusulas.

Título XIII. De la supremacía, del control y de la reforma de la Constitución

Capítulo 1. De la supremacía de la Constitución

Artículo 272. La Constitución prevalece sobre cualquier otra norma legal. Las disposiciones de leyes orgánicas y ordinarias, decretos-leyes, decretos, estatutos, ordenanzas, reglamentos, resoluciones y otros actos de los poderes públicos, deberán mantener conformidad con sus disposiciones y no tendrán valor si, de algún modo, estuvieren en contradicción con ella o alteraren sus prescripciones.

Si hubiere conflicto entre normas de distinta jerarquía, las cortes, tribunales, jueces y autoridades administrativas lo resolverán, mediante la aplicación de la norma jerárquicamente superior.

Artículo 273. Las cortes, tribunales, jueces y autoridades administrativas tendrán la obligación de aplicar las normas de la Constitución que sean pertinentes, aunque la parte interesada no las invoque expresamente.

Artículo 274. Cualquier juez o tribunal, en las causas que conozca, podrá declarar inaplicable, de oficio o a petición de parte, un precepto jurídico contrario a las normas de la Constitución o de los tratados y convenios internacionales, sin perjuicio de fallar sobre el asunto controvertido.

Esta declaración no tendrá fuerza obligatoria sino en las causas en que se pronuncie. El juez, tribunal o sala presentará un informe sobre la declaratoria de inconstitucionalidad, para que el Tribunal Constitucional resuelva con carácter general y obligatorio.

Capítulo 2. Del Tribunal Constitucional

Artículo 275. El Tribunal Constitucional, con jurisdicción nacional, tendrá su sede en Quito. Lo integrarán nueve vocales, quienes tendrán sus respectivos suplentes. Desempeñarán sus funciones durante cuatro años y podrán ser reelegidos. La ley orgánica determinará las normas para su organización y funcionamiento, y los procedimientos para su actuación.

Los vocales del Tribunal Constitucional deberán reunir los mismos requisitos que los exigidos para los ministros de la Corte Suprema de Justicia, y estarán sujetos a las mismas prohibiciones. No serán responsables por los votos que emitan y por las opiniones que formulen en el ejercicio de su cargo.

Serán designados por el Congreso Nacional por mayoría de sus integrantes, de la siguiente manera:

Dos, de ternas enviadas por el presidente de la República.

Dos, de ternas enviadas por la Corte Suprema de Justicia, de fuera de su seno.

Dos, elegidos por el Congreso Nacional, que no ostenten la dignidad de legisladores.

Uno, de la terna enviada por los alcaldes y los prefectos provinciales.

Uno, de la terna enviada por las centrales de trabajadores y las organizaciones indígenas y campesinas de carácter nacional, legalmente reconocidas.

Uno, de la terna enviada por las Cámaras de la Producción legalmente reconocidas.

La ley regulará el procedimiento para la integración de las ternas a que se refieren los tres últimos incisos.

El Tribunal Constitucional elegirá, de entre sus miembros, un presidente y un vicepresidente, que desempeñarán sus funciones durante dos años y podrán ser reelegidos.

Artículo 276. Competerá al Tribunal Constitucional:

Conocer y resolver las demandas de inconstitucionalidad, de fondo o de forma, que se presenten sobre leyes orgánicas y ordinarias, decretos-leyes, decretos, ordenanzas; estatutos, reglamentos y resoluciones, emitidos por órganos de las instituciones del Estado, y suspender total o parcialmente sus efectos.

Conocer y resolver sobre la inconstitucionalidad de los actos administrativos de toda autoridad pública. La declaratoria de inconstitucionalidad conlleva la revocatoria del acto, sin perjuicio de que el órgano administrativo adopte las medidas necesarias para preservar el respeto a las normas constitucionales.

Conocer las resoluciones que denieguen el hábeas corpus, el hábeas data y el amparo, y los casos de apelación previstos en la acción de amparo.

Dictaminar sobre las objeciones de inconstitucionalidad que haya hecho el presidente de la República, en el proceso de formación de las leyes.

Dictaminar de conformidad con la Constitución, tratados o convenios internacionales previo a su aprobación por el Congreso Nacional.

Dirimir conflictos de competencia o de atribuciones asignadas por la Constitución.

Ejercer las demás atribuciones que le confieran la Constitución y las leyes.

Las providencias de la Función Judicial no serán susceptibles de control por parte del Tribunal Constitucional.

Artículo 277. Las demandas de inconstitucionalidad podrán ser presentadas por:

El presidente de la República, en los casos previstos en el número 1 del **Artículo** 276.

El Congreso Nacional, previa resolución de la mayoría de sus miembros, en los casos previstos en los números 1 y 2 del mismo artículo.

La Corte Suprema de Justicia, previa resolución del Tribunal en Pleno, en los casos descritos en los números 1 y 2 del mismo artículo.

Los consejos provinciales o los concejos municipales, en los casos señalados en el número 2 del mismo artículo.

Mil ciudadanos en goce de derechos políticos, o cualquier persona previo informe favorable del Defensor del Pueblo sobre su procedencia, en los casos de los números 1 y 2 del mismo artículo.

El presidente de la República pedirá el dictamen establecido en los números 4 y 5 del mismo artículo.

La dirimencia prevista en el número 6 del mismo artículo, podrá ser solicitada por el presidente de la República, por el Congreso Nacional, por la Corte Suprema de Justicia, los consejos provinciales o los concejos municipales.

La atribución a que se refiere el número 3 del mismo artículo, será ejercida a solicitud de las partes o del Defensor del Pueblo.

Artículo 278. La declaratoria de inconstitucionalidad causará ejecutoria y será promulgada en el Registro Oficial. Entrará en vigencia desde la fecha de su promulgación y dejará sin efecto la disposición o el acto declarado inconstitucional. La declaratoria no tendrá efecto retroactivo, ni respecto de ella habrá recurso alguno.

Si transcurridos treinta días desde la publicación de la resolución del Tribunal en el Registro Oficial, el funcionario o funcionarios responsables no la cumplieren, el Tribunal, de oficio o a petición de parte, los sancionará de conformidad con la ley.

Artículo 279. El Tribunal Constitucional informará anualmente por escrito al Congreso Nacional, sobre el ejercicio de sus funciones.

Capítulo 3. De la reforma e interpretación de la Constitución

Artículo 280. La Constitución Política podrá ser reformada por el Congreso Nacional o mediante consulta popular.

Artículo 281. Podrán presentar proyectos de reforma constitucional ante el Congreso Nacional, un número de diputados equivalente al 20 % de sus integrantes o un bloque legislativo; el presidente de la República, la Corte Suprema de Justicia, el Tribunal Constitucional o un número de personas en ejercicio de los derechos políticos, cuyos nombres consten en el padrón electoral, y que equivalga al 1 % de los inscritos en él.

Artículo 282. El Congreso Nacional conocerá y discutirá los proyectos de reforma constitucional, mediante el mismo trámite previsto para la aprobación de las leyes. El segundo debate, en el que se requerirá del voto favorable de las dos terceras partes de la totalidad de miembros del Congreso, no podrá efectuarse sino luego de transcurrido un año a partir de la realización del primero.

Una vez aprobado el proyecto, el Congreso lo remitirá al presidente de la República para su sanción u objeción, conforme a las disposiciones de esta Constitución.

Artículo 283. El presidente de la República, en los casos de urgencia, calificados previamente por el Congreso Nacional con el voto de la mayoría de sus integrantes, podrá someter a consulta popular la aprobación de reformas constitucionales. En los demás casos, la consulta procederá cuando el Congreso Nacional no haya conocido, aprobado o negado las reformas en el término de ciento veinte días contados a partir del vencimiento del plazo de un año, referido en el artículo anterior.

En ambos eventos se pondrán en consideración del electorado textos concretos de reforma constitucional que, de ser aprobados, se incorporarán inmediatamente a la Constitución.

Artículo 284. En caso de duda sobre el alcance de las normas contenidas en esta Constitución, el Congreso Nacional podrá interpretarlas de un modo generalmente obligatorio. Tendrán la iniciativa para la presentación de proyectos de interpretación constitucional, las mismas personas u organismos que la tienen para la presentación de proyectos de reforma, su trámite será el establecido para la expedición de las leyes. Su aprobación requerirá del voto favorable de las dos terceras partes de los integrantes del Congreso Nacional.

Disposiciones transitorias

De los habitantes

Primera. Cuando las leyes o convenciones internacionales vigentes se refieran a «nacionalidad», se leerá «ciudadanía», y cuando las leyes se refieran a «derechos de ciudadanía», se leerá «derechos políticos».

De la seguridad social

Segunda. El Instituto Ecuatoriano de Seguridad Social, de manera inmediata y urgente, iniciará un profundo proceso de transformación para racionalizar su estructura, modernizar su gestión, aplicar la descentralización y desconcentración, recuperar su equilibrio financiero, optimizar la recaudación y el cobro de la cartera vencida; complementar la capacidad instalada en salud para la cobertura universal, superar los problemas de organización, de gestión, de financiamiento y de cobertura, para que cumpla con los principios de la seguridad social y entregue prestaciones y servicios de calidad, en forma oportuna y eficiente.

Para el efecto, intervendrá al Instituto Ecuatoriano de Seguridad Social, una comisión integrada en forma tripartita por un representante de los asegurados, uno de los empleadores y uno de la Función Ejecutiva, designados todos hasta el 31 de agosto de 1998 por el presidente de la República que se posesionará el mismo año. El consejo superior cesará inmediatamente en sus funciones, que asumirá la comisión interventora, la que nombrará de fuera de su seno al director y al presidente de la comisión de apelaciones; dispondrá la realización de los correspondientes estudios actuariales y, por medio de compañías auditoras independientes de prestigio internacional, la actualización de los balances y estados financieros, y la auditoría económica y administrativa del Instituto Ecuatoriano de Seguridad Social.

En el plazo de seis meses contados a partir de su integración, la comisión interventora presentará a la Comisión de Legislación y Codificación del Congreso Nacional, un proyecto de reforma a la ley de seguridad social y otras leyes para la modernización y reorganización del Instituto Ecuatoriano de Seguridad Social. Entregará al presidente de la República un plan integral de reforma del mismo Instituto e iniciará su ejecución inmediatamente.

La comisión interventora, dentro de los proyectos de ley que presentará al Congreso Nacional y luego de efectuar los estudios pertinentes, recomendará la remuneración sobre la cual se calcularán los aportes al seguro general obligatorio y sus porcentajes, y presentará también una propuesta para la reforma o supresión de las jubilaciones especiales.

La comisión interventora cesará en sus funciones en el momento en que, de conformidad con la ley, se posesionen los nuevos directivos, quienes continuarán el proceso de reestructuración del Instituto Ecuatoriano de Seguridad Social.

Los proyectos presentados por la comisión interventora al Congreso Nacional tendrán el trámite especial establecido a través de la Comisión de Legislación y Codificación.

Tercera. El gobierno nacional cancelará la deuda que mantiene con el Instituto Ecuatoriano de Seguridad Social, por el financiamiento del 40 % de las pensiones y por otras obligaciones, con sus respectivos intereses, en dividendos iguales pagaderos anual y sucesivamente, en el plazo de diez años a partir de 1999, siempre que se haya iniciado el proceso de su reestructuración. Estos dividendos deberán constar en el Presupuesto General del Estado y no podrán destinarse a gastos corrientes ni operativos.

El 40 % adeudado por el financiamiento de las pensiones se destinará al fondo de pensiones, y lo adeudado por otras obligaciones financiará las prestaciones a que corresponda.

Cuarta. Los fondos de las aportaciones realizadas para las distintas prestaciones se mantendrán en forma separada y no se utilizarán en prestaciones diferentes de aquellas para los que fueron creados. Uno de estos fondos lo constituirá el del seguro social campesino.

Los fondos de invalidez, vejez, muerte, riesgos del trabajo y cesantía se administrarán y mantendrán separadamente del patrimonio del Instituto de Seguridad Social.

Quinta. El personal que, a consecuencia de la transformación y racionalización del Instituto Ecuatoriano de Seguridad Social quede cesante, tendrá derecho a las indemnizaciones que, por la terminación de la relación, estén vigentes en la ley y contratos, a la fecha en que dejen de prestar sus servicios.

De la educación

Sexta. El año lectivo durará doscientos días laborables en todo el sistema educativo nacional, a partir del período 1999 — 2000.

Séptima. El Estado establecerá progresivamente el servicio obligatorio de educación rural, que deberá cumplirse como requisito previo para optar por el TÍTULO de profesionales de la educación. La ley determinará lo pertinente en relación con el cumplimiento de este deber.

Octava. Se propiciará la conversión de las escuelas unidocentes en pluridocentes.

Novena. El Congreso Nacional dictará la Ley de Educación Superior en el plazo de seis meses. Mientras tanto el Consejo Nacional de Universidades y Escuelas Politécnicas seguirá funcionando con la composición y atribuciones establecidas en la ley vigente.

Décima. La ley establecerá que el Consejo Nacional de Educación Superior estará compuesto por nueve miembros; cinco de ellos serán rectores electos por las universidades, escuelas politécnicas e institutos superiores técnicos y tecnológicos, (dos, por las universidades oficiales; uno, por las politécnicas oficiales; uno, por las universidades particulares; uno, por los institutos superiores técnicos y tecnológicos); dos, por el sector público, y uno, por el sector privado, y un presidente del consejo, electo por los demás miembros, que deberá ser un ex-rector universitario o politécnico o un académico de prestigio.

La secretaría general del CONUEP será la base para la conformación de la secretaría técnica administrativa del Consejo Nacional de Educación Superior.

La ley regulará el funcionamiento de una asamblea de la universidad ecuatoriana integrada por los rectores y por representantes de profesores, estudiantes, empleados y trabajadores de las universidades y escuelas politécnicas.

Undécima. Los institutos superiores técnicos y tecnológicos continuarán dependiendo del Ministerio de Educación, hasta que funcione el Consejo Nacional de Educación Superior.

Duodécima. El Consejo Nacional de Educación Superior, en el plazo de seis meses contados a partir de su integración, formulará el sistema nacional de admisión y nivelación, al que obligatoriamente se someterán las universidades y escuelas politécnicas. Las que cuenten con un sistema de admisión y nivelación continuarán aplicándolo hasta cuando sea aprobado el sistema nacional. Las que no lo tengan, lo establecerán desde el año lectivo 1999-2000.

Decimotercera. Las contribuciones de los estudiantes, que establezcan las universidades y escuelas politécnicas públicas, deberán ser, exclusivamente, matrículas diferenciadas de acuerdo con su nivel socio-económico. Las universidades y escuelas politécnicas podrán seguir cobrando derechos y tasas por servicios.

Decimocuarta. Solamente las universidades particulares que, de acuerdo con la ley, vienen recibiendo asignaciones y rentas del Estado, continuarán percibiéndolas en el futuro. Estas serán incrementadas en los términos establecidos en el inciso tercero del **Artículo** 78 de esta Constitución.

Decimoquinta. Los estatutos de la Escuela Politécnica del Ejército y de la Universidad Andina Simón Bolívar serán aprobados y reformados por los organismos que establecen sus normas propias.

Decimosexta. En todos los niveles de la educación se enseñará cuáles son los derechos y deberes que tienen los ciudadanos ecuatorianos.

De las elecciones

Decimoséptima. Se reconocerá a las mujeres la participación del 20 % en las listas de elecciones pluripersonales, así como todos los derechos y garantías consagrados en leyes y tratados internacionales vigentes.

Decimoctava. La elección de los representantes ante el Parlamento Andino se regirá por la ley de elecciones, hasta que la Comunidad Andina de Naciones establezca el régimen electoral uniforme.

Del sector público

Decimonovena. Se igualará el valor actual del subsidio familiar para los servidores públicos que lo perciben. Del Congreso Nacional

Vigésima. El presidente y los vicepresidentes del Congreso Nacional que entren en funciones en agosto del año 2000, las ejercerán hasta el 4 de enero del año 2003.

Vigésima primera. El Congreso Nacional que se instale en agosto de 1998, elaborará y aprobará el Código de Ética dentro de los treinta días posteriores a su instalación.

Vigésima segunda. El Congreso Nacional, en el plazo de seis meses, determinará las leyes vigentes que tendrán calidad de orgánicas.

Vigésima tercera. Tres de los vocales de la Comisión de Legislación y Codificación, elegidos por primera vez luego de que entre en vigencia esta Constitución y escogidos por sorteo, cesarán en sus funciones al cumplirse tres años de su elección. El Congreso Nacional designará sus reemplazos por el período constitucional de seis años.

Vigésima cuarta. Si el Congreso Nacional no expidiere las leyes que prevé esta Constitución en el plazo en ella fijado, el presidente de la República enviará al Congreso los correspondientes proyectos de ley que seguirán el trámite de aquellos calificados como de urgencia económica.

Vigésima quinta. Los funcionarios e integrantes de organismos designados por el Congreso Nacional y el Contralor General del Estado designado, a partir del 10 de agosto de 1998 para un período de cuatro años, en virtud de las disposiciones de esta Constitución, permanecerán en el desempeño de sus funciones hasta enero del año 2003. De la Función Judicial

Vigésima sexta. Todos los magistrados y jueces que dependan de la Función Ejecutiva pasarán a la Función Judicial y, mientras las leyes no dispongan algo distinto, se someterán a sus propias leyes orgánicas. Esta disposición incluye a los jueces militares, de policía y de menores. Si otros funcionarios públicos tuvieren entre sus facultades la de administrar justicia en determinada materia, la perderán, y se la trasladará a los órganos correspondientes de la Función Judicial. El Consejo Nacional de la Judicatura presentará al Congreso Nacional los proyectos que modifiquen las leyes pertinentes, para que estas disposiciones puedan cumplirse.

El personal administrativo que actualmente labora en las cortes, tribunales y juzgados militares, de policía y de menores, cuya estabilidad se garantiza, pasará a formar parte de la Función Judicial.

Los bienes y el presupuesto de esas dependencias se transferirán igualmente a la Función Judicial.

Vigésima séptima. La implantación del sistema oral se llevará a efecto en el plazo de cuatro años, para lo cual el Congreso Nacional reformará las leyes necesarias y la Función Judicial adecuará las dependencias e instalaciones para adaptarlas al nuevo sistema.

Del régimen penitenciario y de rehabilitación social

Vigésima octava. Los sindicados por delitos reprimidos con prisión que se encuentren actualmente detenidos por más de un año, sin sentencia, obtendrán su inmediata libertad, sin perjuicio de la continuación de las causas penales hasta su terminación.

La aplicación de esta norma estará a cargo de los jueces que estén conociendo los correspondientes procesos penales.

El Consejo Nacional de la Judicatura sancionará a los jueces que hayan actuado negligentemente en los juicios respectivos.

Del Ministerio Público

Vigésima novena. El Congreso Nacional reformará las leyes pertinentes, en el plazo de un año, para que el Ministerio Público cumpla las funciones establecidas en esta Constitución.

De la Comisión de Control Cívico de la Corrupción

Trigésima. Hasta que se dicte la ley correspondiente, la Comisión de Control Cívico de la Corrupción, estará integrada por siete miembros, designados por el presidente de la República elegido en 1998, que representarán a las instituciones de la sociedad civil. Para ser miembro de la comisión se requerirá ser ecuatoriano por nacimiento y mayor de cuarenta años de edad.

No tener impedimento legal para ejercer cargos públicos.

Gozar de reconocida probidad.

Quienes ejerzan funciones en partidos o movimientos políticos.

Los actuales miembros de la Comisión Anticorrupción podrán ser designados para integrarla. De las superintendencias

Trigésima primera. Las superintendencias existentes continuarán funcionando, de conformidad con la Constitución sus respectivas leyes.

El Congreso Nacional expedirá o reformará las leyes que el sector que lo requiera sea regulado y controlado por la correspondiente superintendencia o institución equivalente, cuando sea del caso. De la descentralización

Trigésima segunda. Para hacer efectivas la descentralización y la desconcentración, el gobierno nacional elaborará un plan anual e informará al Congreso sobre su ejecución.

Trigésima tercera. Las tenencias políticas continuarán funcionando hasta que se dicte la ley que regule las juntas parroquiales y los jueces de paz. Se garantizará la estabilidad del personal administrativo que no sea de libre remoción, y que labore en las jefaturas y tenencias políticas, conforme a la ley.

Trigésima cuarta. El Congreso Nacional, antes de la posesión de las autoridades seccionales que se elijan el año 2000, expedirá las leyes necesarias relacionadas con los organismos regionales o provinciales que actualmente funcionan en el país, distintos de los consejos provinciales y concejos municipales.

Trigésima quinta. Los municipios creados con posterioridad a la expedición de leyes especiales que asignen rentas a esas instituciones, tendrán acceso a tales asignaciones en similares condiciones que los otros.

De la economía

Trigésima sexta. El Congreso Nacional dictará las modificaciones a las leyes pertinentes, para la plena aplicación de las disposiciones del capítulo 1 del TÍTULO XII.

Trigésima séptima. Los ingresos provenientes del cobro de tasas por el uso de facilidades aeroportuarias y portuarias, deberán destinarse exclusivamente para cubrir las necesidades de inversión y operación de los aeropuertos, puertos e infraestructura adyacente, así como de los organismos de regulación y control de estas actividades, salvo las asignaciones establecidas por ley hasta la fecha, a favor de la Casa de la Cultura Ecuatoriana.

Trigésima octava. En las provincias de Esmeraldas y El Oro se establecerán puertos libres conforme a las normas que se expidan al efecto.

De la planificación económica

Trigésima novena. Los funcionarios y empleados que actualmente prestan sus servicios personales en el Consejo Nacional de Desarrollo, CONADE, pasarán a formar parte del organismo al que se refiere el **Artículo** 255 de esta Constitución, con la estabilidad de que gocen de acuerdo con la ley. El personal mencionado, hasta que entre en vigencia la ley que integre el organismo, estará bajo las órdenes y el control del presidente de la República. También serán transferidos a ese organismo los bienes pertenecientes al CONADE. Del Banco Central

Cuadragésima. Dos de los vocales del directorio del Banco Central, elegidos por primera vez luego de que entre en vigencia esta Constitución y escogidos por sorteo, cesarán en sus funciones al cumplirse los tres años de su elección. El presidente de la República propondrá los candidatos para reemplazar a los cesados, y el Congreso Nacional designará a los reemplazantes, en la forma y por el período previstos en el **Artículo** 262.

En el plazo de seis meses, el Congreso Nacional dictará las reformas a la ley de Régimen Monetario y Banco del Estado, que sean necesarias para la aplicación de lo dispuesto en esta Constitución.

Cuadragésima primera. El directorio del Banco Central asumirá los deberes y atribuciones que le corresponden a la Junta Monetaria, sin perjuicio de lo que disponga la ley.

Cuadragésima segunda. Hasta que el Estado cuente con instrumentos legales adecuados para enfrentar crisis financieras y por el plazo no mayor de dos años contados a partir de la vigencia de esta Constitución, el Banco Central del Ecuador podrá otorgar créditos de estabilidad y de solvencia a las instituciones financieras, así como créditos para atender el derecho de preferencia de las personas naturales depositan-

tes en las instituciones que entren en proceso de liquidación.
Registro Oficial

Cuadragésima tercera. Hasta que se dicte la ley correspondiente, el Registro Oficial con su personal, bienes y presupuesto, pasará a depender del Tribunal Constitucional. El Congreso Nacional, en el plazo de un año, expedirá la ley que establezca la autonomía del Registro Oficial. Generales

Cuadragésima cuarta. El Estado impulsará, con los países limítrofes, convenios tendientes a promover el desarrollo de las zonas de frontera y a resolver problemas de identificación, cedulación y tránsito de sus habitantes.

Cuadragésima quinta. Los plazos establecidos en esta Constitución se contarán a partir de la fecha de su vigencia, a menos que se determine lo contrario en forma expresa.

Cuadragésima sexta. Declárase política nacional la reconstrucción de las provincias de la Costa y de otras regiones del país, devastadas por el fenómeno El Niño. El gobierno nacional será responsable de su cumplimiento.

Disposición final

La presente Constitución codificada, aprobada hoy 5 de junio de 1998, en Riobamba —ciudad sede de la fundación del Estado Ecuatoriano en 1830—, que contiene reformas y textos no reformados de la actual, entrará en vigencia el día en que se posesione el nuevo presidente de la República en el presente año 1998, fecha en la cual quedará derogada la Constitución vigente.

Promúlguese y publíquese en la Gaceta Constitucional y difúndase por otros medios de comunicación social, sin perjuicio de su publicación en el Registro Oficial.

Luis Mejia Montesdeoca Diego Ordóñez Guerrero

PRESIDENTE SECRETARIO GENERAL

Osvaldo Hurtado Larrea, Marcelo Santos Vera, Ernesto Albán Gómez, Orlando Alcívar Santos, Jazmine Germania Alvarez, Gabriel Andrade Endara, Luis Andrade Galindo, Jorge Añazco Castillo, Kaiser Arévalo Barzalio, José F. Asán Wonsang, Enrique Ayala Mora, Carlos E. Barrezueta, Luis Bermeo Jaramillo Eliecer, Bravo Andrade, Francisco David Carbonell, Juan Cárdenas Espinoza, José B. Carrión Maldonado, Juan Castanier Muñoz, Nicolás Castro Benites, Rodrigo Cisneros Donoso, Mario Coello Izquierdo, Guillermo Coello Marco Cortés Villalba, Patricio Córdoba Cepeda, Felipe Marcelino Chumpi, Angel Polibio Chávez, Mauricio Dávalos Guevara, Marcelo Dotti Almeida, Guillermo Falconí Espinoza, Gabriel Galarza López, Gloria Gallardo Zavala, Luis Fernando Guerrero, Cornelio Haro

Jacinto Kon Loor, Manuel Kun Ramírez, Iván López Saud, Víctor Lobato Vinueza, Víctor Junior León, Lauro López Bustamante, José Llerena Olvera, Claudio Malo González, Nelson Márquez Jimenez, Nicanor Merchán Luco, Mario Minuche Murillo, Edgar Darwin Montalvo, Patricia Naveda Suarez, Ricardo Noboa Bejarano, Gladys Ojeda de Vaca, Angel Ortíz Yangari, Nina Pacari Vega, Humberto Poggi Zambrano, Marco Tulio Restrepo, Luis Reinoso Garzón, Edgar Iván Rodríguez, César Rohon Hervas, Franco Romero Loaiza, Hugo Ruiz Enríquez, Bolívar Napoleón Sánchez, Edgar Santillán Oleas, Juan F. Sevilla Montalvo, Roque Sevilla, Julio César Trujillo Vásquez, Miguel Valarezo Sigcho, Cynthia Viteri Jiménez, Armando Gustavo Vega, José Vega Ilaquiche, Alfredo Vera Arrata, Alexandra Vela Puga, Mariano Zambrano Segovia,

Libros a la carta

A la carta es un servicio especializado para
empresas,
librerías,
bibliotecas,
editoriales
y centros de enseñanza;
y permite confeccionar libros que, por su formato y concepción, sirven a los propósitos más específicos de estas instituciones.

Las empresas nos encargan ediciones personalizadas para marketing editorial o para regalos institucionales. Y los interesados solicitan, a título personal, ediciones antiguas, o no disponibles en el mercado; y las acompañan con notas y comentarios críticos.

Las ediciones tienen como apoyo un libro de estilo con todo tipo de referencias sobre los criterios de tratamiento tipográfico aplicados a nuestros libros que puede ser consultado en Linkgua-ediciones.com.

Linkgua edita por encargo diferentes versiones de una misma obra con distintos tratamientos ortotipográficos (actualizaciones de carácter divulgativo de un clásico, o versiones estrictamente fieles a la edición original de referencia.).

Este servicio de ediciones a la carta le permitirá, si usted se dedica a la enseñanza, tener una forma de hacer pública su interpretación de un texto y, sobre una versión digitalizada «base», usted podrá introducir interpretaciones del texto fuente. Es un tópico que los profesores denuncien en clase los desmanes de una edición, o vayan comentando errores de interpretación de un texto y esta es una solución útil a esa necesidad del mundo académico.

Asimismo publicamos de manera sistemática, en un mismo catálogo, tesis doctorales y actas de congresos académicos, que son distribuidas a través de nuestra Web.

El servicio de «libros a la carta» funciona de dos formas.

1. Tenemos un fondo de libros digitalizados que usted puede personalizar en tiradas de al menos cinco ejemplares. Estas personalizaciones pueden ser de todo tipo: añadir notas de clase para uso de un grupo de estudiantes, introducir logos corporativos para uso con fines de marketing empresarial, etc. etc.

2. Buscamos libros descatalogados de otras editoriales y los reeditamos en tiradas cortas a petición de un cliente.